田部井淳子

山の単語帳

写真・栗田貞多男

世界文化社

はじめに

田部井淳子

「ここから先、ガレ場になるので気をつけて」。

「稜線に出ると気持ちいいですよ。もうすぐだからがんばって」。

などと健康山歩き講座の実践のとき、私は何気なく言ってしまうことがよくあります。そんなとき、受講生の方から、「ガレ場って何ですか?」とか「行動食って何のこと?」ときかれハッとしました。

　自分では長い間当たり前に使っていた山の用語がはじめての方にとっては耳慣れない言葉であることに気づかされたのです。
　ですが、〝実践の山〟で、こういうところをキレットと呼ぶんですよ、とか、コルというのです、と説明すると、多くの人は納得してくれます。このように、実物を見るのが一番わかりやすいですが、写真で見るだけでも全然違うものです。
　この本には、北アルプスや八ヶ岳などの写真を多く掲載しています。これらの山域に日本の

北アルプス・常念岳より、槍ヶ岳から大キレットまでを望む。

山の代表的な景観があり、説明もしやすいためです。

すべての山岳用語を網羅しているワケではありませんが、山登りを始めたばかりのいわゆる〝山ガール〟と呼ばれる若い方たちが読んでも、写真付きなのでわかりやすいかと思います。

山の経験がある方でも人にきかれるとなかなか説明できない用語も結構あるものです。

山岳用語には日本語、英語、ドイツ語、フランス語などが入り交じっています。また、中には和製英語になったりしてすで

になじんでしまったものも多いです。私もザイルといったりロープといったりしますし、アイゼン、クランポンなど両方使っています。

この本では、主に縦走や日帰り登山をする方たちに親しんでもらいたいと思う用語を取り上げました。岩登りと沢登り、冬山の要素も少しだけ入れました。

山の用語と同時に日本の山の美しさや成り立ち、花や動物なども写真で楽しんでいただけたら、うれしく思います。

常念岳より、穂高連峰と大キレットを望む。

目次

外来語ほかの略は以下のように表記しました。英語＝英、ドイツ語＝独、フランス語＝仏、ノルウェー語＝ノ、オランダ語＝蘭、スペイン語＝西、和製語＝和、造語＝造。

八ヶ岳・横岳に続く、杣添尾根への登山口。

山に登ろう

【登山】 とざん

山登り。山に登ること。ハイキングからクライミングまで、さまざまな形態があります。

【登山口】 とざんぐち

登山道の入り口です。ここから登山が始まります。グループ登山のときでも、自分がどの登山口から登り出すのかをしっかり確認してから登り出しましょう。

樹林帯の中を登って行く登山道。

【取り付き】とりつき

主にバリエーション・ルート（P.203）の登山口に当たる地点をこう呼びます。谷川岳の一ノ倉沢の壁を登るときなどは、いかに早くこの取り付きに着けるかが問題になります。たくさんのパーティーが待っているときはそこまで行っても時間待ちで登れないことがあるのです。

【登山道】とざんどう

山に登る人がたどるための道です。立派に整備されたものから、廃道寸前の荒れた道までいろいろです。登山道は誰が整備するの？　県道なの？　国道なの？　と私も何度も思ったことがあります。名目はどうあれ、実際の整備は山小屋の人や地元山岳会の人たちがしてくれているところが多いですね。

【胸突き八丁】むなつきはっちょう

胸がぶつかりそうなくらい急な斜面や坂のことです。もともとは富士山の山頂まであと八丁（872メートル）の登りが大変きついことから。

胸突き八丁のきつい登り。北アルプス・槍沢にて。

【水場】 みずば

山のオアシス。飲み水が確保できる地点のことです。沢や湧き水、雪渓から滴る水もあります。山では水場がないとテントが張れないので本当に貴重な場所です。汗をかいて歩いてきて水場で冷たい水を飲むと今までの疲れが吹き飛びます。

水場で喉を潤そう。信州・風越山にて。

【アップ・ダウン】 ups and downs 英

起伏があって上り下りをくりかえすこと。「アップ・ダウンの激しい登山道」などと使います。

【標高】 ひょうこう

日本では東京湾の平均海水面を0メートルとし、そこを基準とした高さをいいます。海抜と同じ意味です。

【累積標高差】 るいせきひょうこうさ

出発地から目的地までの、登りの標高差も下りの標高差も合わせた全部の標高差です。

【沢】 さわ

山中にある小さめの渓谷、川のことです。

信州・上高地、ワサビ沢の清流。

【急登】きゅうと　きゅうとう

急傾斜の登山道のことです。急登は直登するよりジグザグに登るほうが楽です。30〜40分登ったら5分休むなど、リズムをつけて歩くといいですね。日本三大急登、北アルプス三大急登と呼ばれる登山道もあります。

【九十九折】つづらおり

稲妻形（Z状）に幾重にも折れ曲がって続いている山道です。フランス語や英語では「ジグザグ zigzag」といいます。

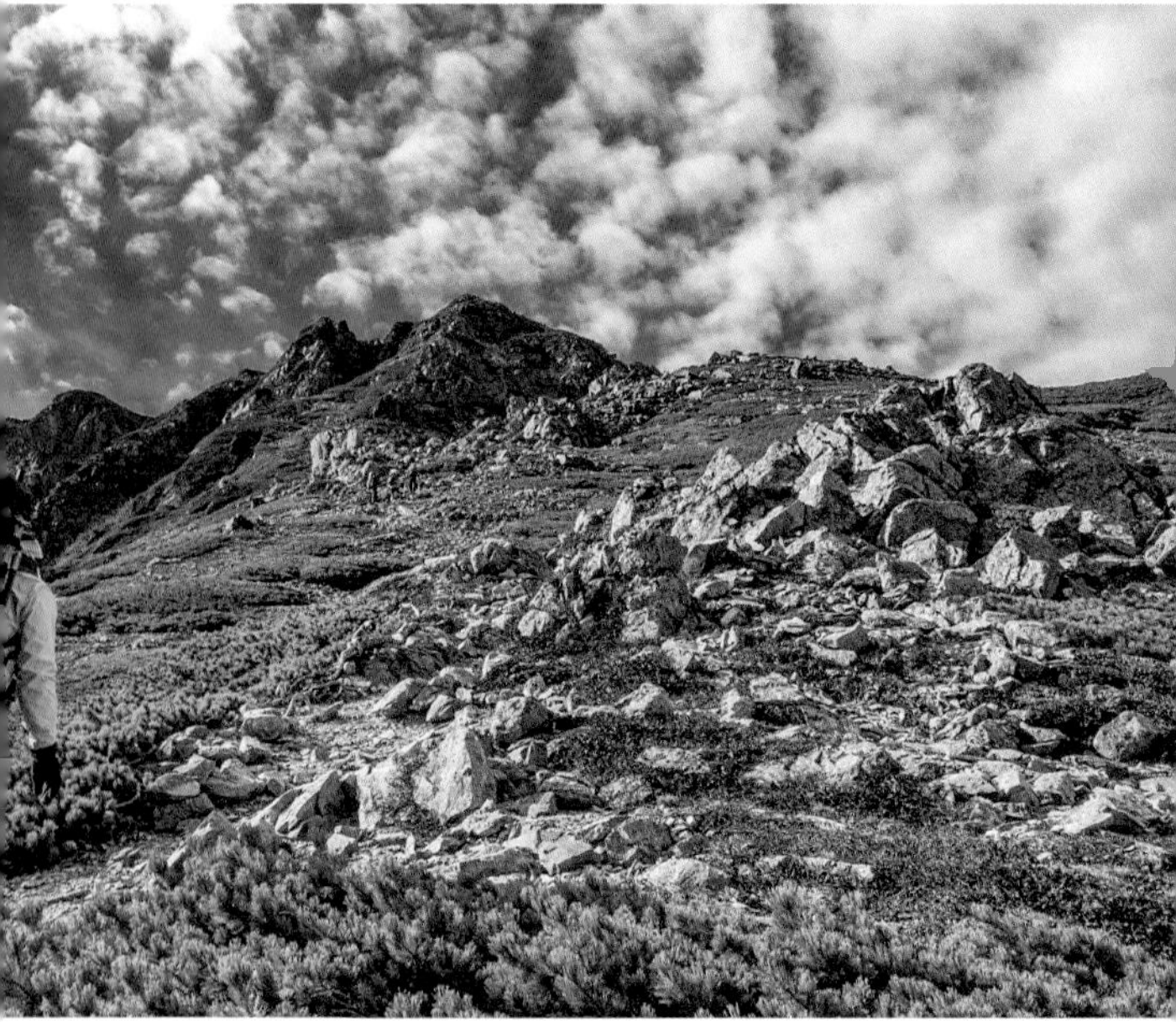

南アルプス・農鳥小屋より農鳥岳への急登を登る。

【尾根】おね

二つの谷を分けて高く連なる部分のことです。登山口から取り付いて尾根に出ると登るにつれてぐんぐん眺めが良くなります。

【バカ尾根】ばかおね

ひどい呼び名ですが、だらだらと長い登りが続く尾根のことです。丹沢塔ノ岳の大倉尾根などがこう呼ばれます。

【偽ピーク】にせぴーく

頂上の手前にあって本当の頂上とまちがえやすいピークのことです。あそこまで行けば登りから解放される、とぬか喜びしないように気をつけましょう。

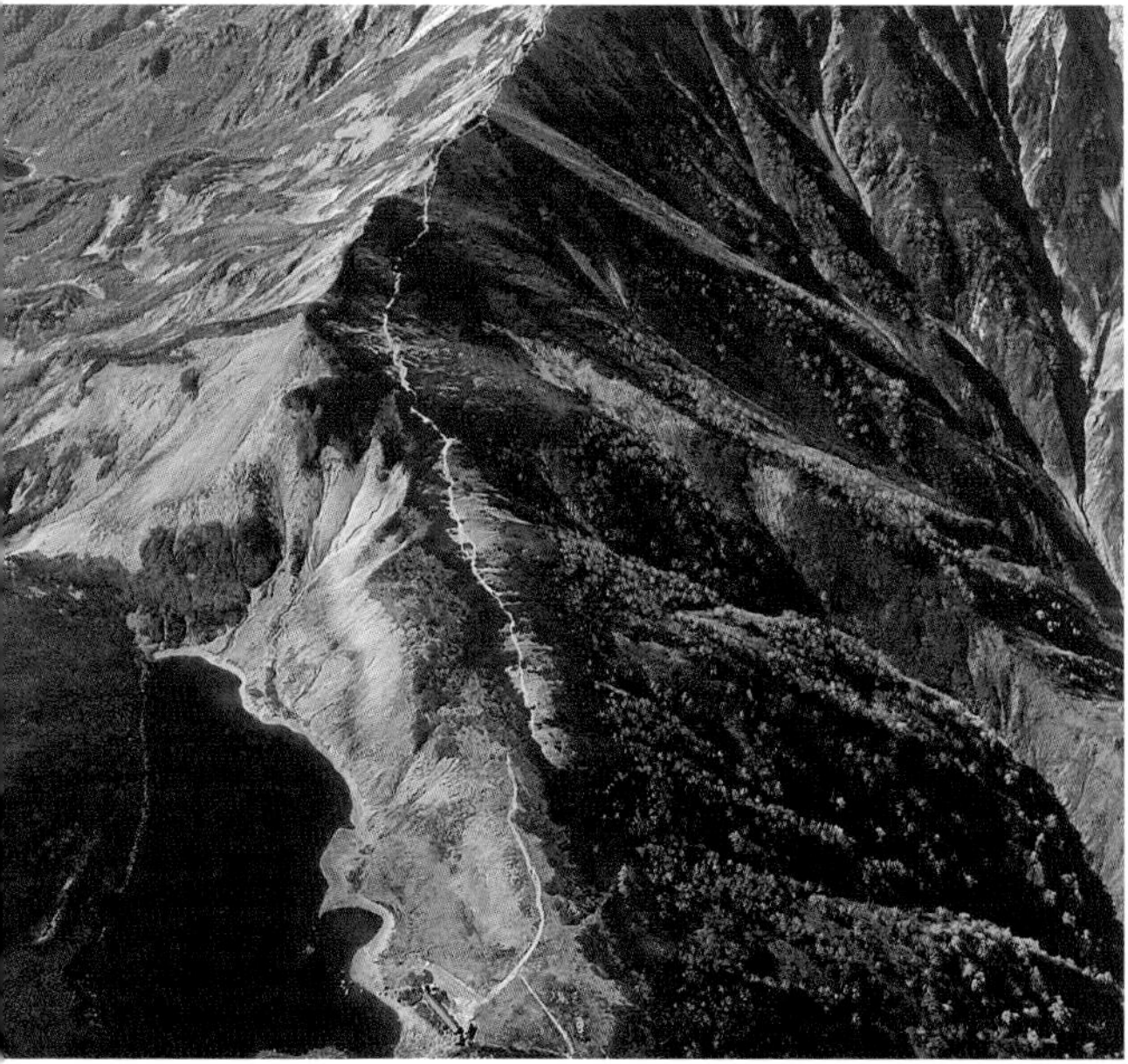

北アルプス・白馬岳に続く雷鳥尾根。

【稜線】りょうせん

山頂から山頂へ続く尾根のことです。尾根のことを稜線という場合もあります。展望の良い稜線を景色を楽しみながら歩くのを「稜線漫歩」といいます。北アルプスなどの雄大な稜線歩きは大好きです。自分まで雄大になったような気分になれます。が、雷が鳴ったら即、稜線からは下りましょう。

【スカイライン】skyline 英

稜線が空を区切る輪郭線をいいます。真っ青な空に岩山や雪山のスカイラインはよく映えます。

北アルプス・奥穂高岳からロバの耳、ジャンダルムへと続く稜線。

【盟主】めいしゅ

連峰、連山の中でもっとも際立った山のこと。「八ヶ岳の盟主・赤岳」などといいます。「主峰」と呼ぶ場合もあります。「盟主」と呼ばれる山は、高く、険しく、目立つので、どれも人気がありますね。ところで、「槍穂高連峰の盟主」はどの山でしょうか。

高さからいえば日本第3位の奥穂高岳でしょう。しかし、その鋭い穂先で、どこから見てもそれとわかる槍ヶ岳（標高は日本第5位）を盟主と呼んでもいいのではないでしょうか。さらには北アルプスの盟主と呼ぶ人もいます。

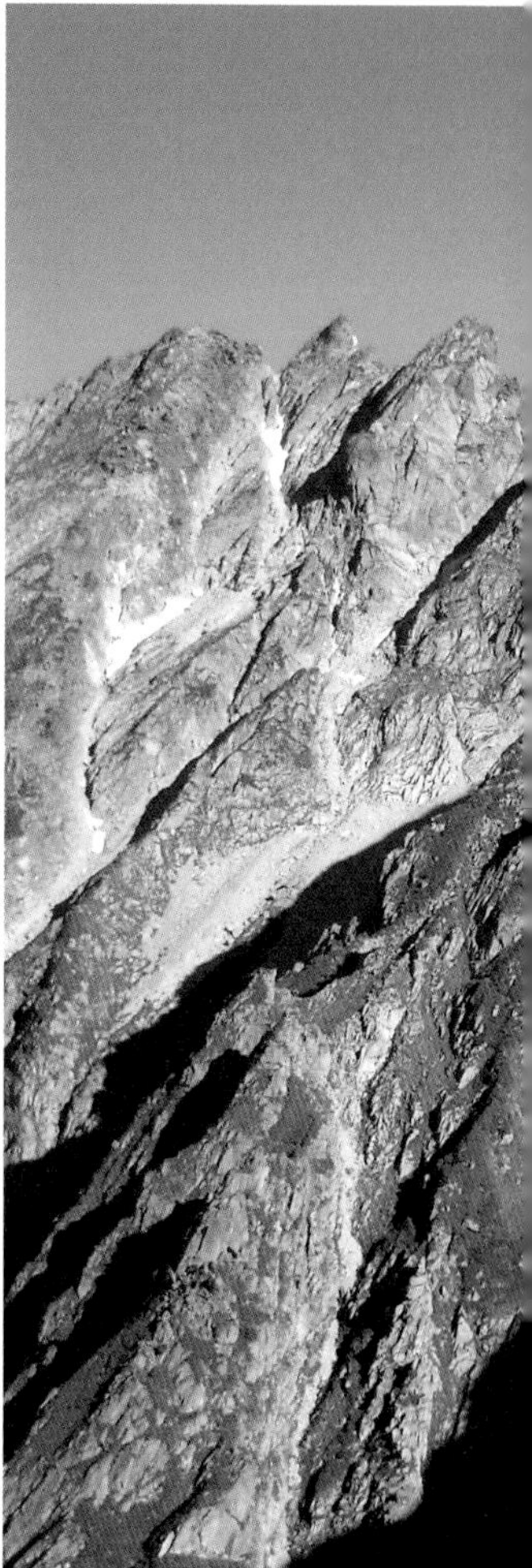

北アルプス・槍穂高連峰の盟主・槍ヶ岳。

【ピーカン】《ぴーかん》

山の隠語で快晴のことです。もともとは映画業界の人がロケのときに使った隠語らしく、語源には諸説あるようです。超快晴なら「ドピーカン」なんていいます。

ピーカンの中、南アルプス・仙丈ヶ岳を目指す。

【夏山】《なつやま》

雪が解け、気温が上がり、高山植物が花開く夏はもっとも多くの人が山に向かうハイ・シーズンです。6月から8月くらい。また、その時期の山登りのこと。

【梅雨明け十日】《つゆあけとおか》

登山者の間では、俗に梅雨明け直後の10日間ほどは天候が安定して晴れる、といいます。最近は入梅、明けがはっきりしなくなりましたが、6～7月にも梅雨の中休みみたいなものがあり、私はこのところ7月第1週に山に行くと晴れが多く、縦走を楽しんでいます。

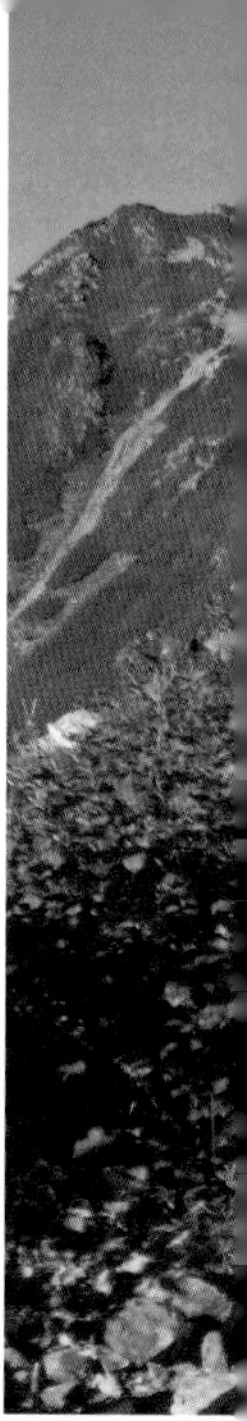

【合目】ごうめ

信仰の山では、登山口から頂上までを1合目から10合目に当てています。合目の間は必ずしも等間隔ではありません。ところが会津磐梯山の頂上は5合目になっています。噴火前はもっと高かったということでしょうか？ その理由は誰にもわかりません。

【指導標】しどうひょう

登山道や山頂に設置された道案内のための標識です。分岐を示したり、ある地点までの距離や所要時間が書かれたものもあり、登山者の強い味方です。集団登山でおしゃべりしながら歩いているとこれを見過ごしてしまうことがありますが、山では今、自分がどの地点にいるかをいつも知っておくことが大事です。

福島県・安達太良山、峰の辻の指導標。

【ケルン】cairn 英

北アルプス・西穂高岳稜線のケルン。

山頂や登山道、分岐点などに石を円錐形に積んで目印や道標にしたものです。遭難地点に記念碑として作られる場合もあります。

【ヤッホー!】 Yo-ho!

登山者同士が合図をかわしたり、見晴らしのいいところで発する掛け声です。よく木霊する場所で大声を出すのは気持ちいいものです。

【木霊】 こだま

木に宿る精霊が応えるものと考えられたことから、大きな音や声が山や谷に反響して聞こえることをいいます。「山彦」とも。

天気も良くて、思わず、ヤッホー!

【山彦】 やまびこ

「木霊」と同じ現象です。山の神が人の声をまねるものだと信じられていました。

【雉撃ち】 きじうち

【お花摘み】 おはなつみ

「雉撃ち」は山の隠語で、男性が山中の屋外で排泄することです。その姿が雉を撃つ猟師が藪に潜む姿に似ていることから。大便を大雉《おおきじ》、小便を小雉《こきじ》といったりします。女性の排泄は「お花摘み」といいます。花を摘む姿に似ているからですね。

「お花摘み」と字面はきれい。

【顎を出す】 あごをだす

重荷のせいや、登りの辛さで疲労困憊して足が動かなくなり、顎だけが前に出る様子です。

【シャリバテ】しゃりばて

シャリはご飯のことで、ご飯を食べていないからばてる、すなわち、空腹で力が出なくなることです。山でのエネルギー補給は重要です。

【アルバイト】Arbeit 独

山で「きついアルバイトを強いられる」ってどういう意味かわかりますか? 山小屋の補修工事や土木工事に駆り出されること……ではありません。重荷を背負っての長くて辛い登りが続く、といった意味です。

【一本立てる】いっぽんたてる

山の隠語で、登山の途中で休憩することです。その昔、歩《ぼっ》荷《か》(P.221)が休むときに背《しょ》負《い》子《こ》の下に杖をあてがい、荷物の荷重を杖にあずけて、立ったまま休んだことに由来するそうです。私は今でも山仲間同士で歩いているときに「一本立てない?」などと言ってしまいますね。

北アルプス・鏡平山荘で一本立てる。かき氷がうれしい!

【膝が笑う】ひざがわらう

長い下りで足が疲れて膝がガクガクすることです。下りで急ぎすぎて膝がガクガクになったとき、「私も本物のガク(岳)人になりました」と言って笑い合ったことがあります。今は笑う前に用心して静かに下るようにしています。

【アタック】attack 英

難易度の高い登山で山頂に向かうことです。「明日はアタック※だから早く休もう」と寝袋に入るのですが、エベレストの最終キャンプでは興奮していてなかなか寝付けませんでした。

※近年のヒマラヤ登山などでは「サミット・プッシュ」と言うことが多い。

【山頂】《さんちょう》

山のてっぺん、頂です。どんな山でも山頂に立つというのはうれしいですね。ひとつ成し遂げたという達成感があります。

【頂上】《ちょうじょう》

【登頂】《とうちょう》

山の頂に達することです。「とちょう」ともいいます。

【三角点】《さんかくてん》

三角測量の基準点。花崗岩の四角柱を埋めて標石にしてあり、見晴らしのよい山の頂に多く見られます。三角点には1等から4等まであり、1等がもっとも遠くまで見晴らしが利く場所です。ただ、1等三角点の約4割は標高500メートル以下の山の頂などにあり、見晴らしのよさは必ずしも標高に比例するものではないことがわかります。

1等三角点がある信州・熊伏山山頂。

【方位盤】《ほういばん》

展望のよい山の頂には大きな石の台に埋め込まれた方位盤がすえ付けられているところがあります。その山から見え

岩塊積み重なる北アルプス・前穂高岳山頂。

信州・飯縄山頂上の方位盤。

る山や風景の名前が刻まれていて、登山者が山座同定（P.27）する手助けになります。北アルプス白馬岳の方位盤の台石を背負い上げた強力《ごうりき》（P.21）を描いた新田次郎さんの小説が『強力伝』です。

北アルプス・薬師岳への縦走路を行く。越中沢岳付近にて。

【縦走】 じゅうそう

山頂から山頂へ、稜線伝いに歩くことです。森林限界（P.55）を超える場所での縦走は、雄大な景観が得られ、歩くにつれて風景が変化するので、登山の醍醐味を味わえます。２００９年の夏、ＮＨＫの内多勝康アナウンサーと北アルプス（立山から奥穂高岳ジャンダルムまで）を23日間かけて縦走しました。その記録は「夏の北アルプス　あぁ絶景！　雲上のアドベンチャー」という番組になりました。

【ピーク・ハント】 ぴーく・はんと 和

頂上に立つことだけを狙う、という意味の和製英語です。

北アルプス・八方尾根で見かけたパーティー。

【パーティー】 party 英

登山で一緒に行動する仲間、一行をいいます。

【単独行】 たんどくこう

一人で登山をすることです。「ソロ」ともいいます。不世出の単独行者といわれたのが加藤文太郎で、著書に『単独行』があります。

【高山病】 こうざんびょう

気圧が低く酸素が薄い高山に登ったときに現れることがある症状です。頭痛や吐き気、息切れといった軽い症状は下れば治りますが、重篤なものになると命にかかわります。

奥秩父・金峰山山頂付近を行く単独行者。

標高2、500メートルを超えると人によっては生じますから、3、000メートル級の日本アルプスや日本最高峰の富士山などでは注意が必要です。ちょっと頭が重いなあと感じたら、耳たぶのマッサージやうなじを押して揉んであげるだけですっきりすることもあります。

こまめな水分補給も高山病予防には大切。

【観天望気】かんてんぼうき

空や雲、風の動きや、動物や植物の様子など、自然の要素を総合的に分析して、天気の変化を予測することです。漁師や猟師、農民などの自然の中で働く人々はこれに習熟しています。私の故郷では磐梯山の頂上に雲がかかると天気が悪くなる、とよくいわれていました。

北アルプス・八方尾根から見た筋雲。

【山行】 さんこう

山へ行くこと、登山に出かけることです。登山家・槇《まき》有恒《ゆうこう》さんの著書『山行』（1923年刊）以後使われるようになった言葉です。社会人山岳会に入って山に行くときは必ず「山行計画書」を出して行けといわれたものです。

【等高線】 とうこうせん

地図上で同じ高度の地点を結んだ線のことです。等高線の間隔が詰まっているところは傾斜が急で、間隔が広いところは傾斜がゆるいです。2万5000分の1地形図では、標高差10メートルごとに細い線が、50メートルごとに太い線が引かれています。

【山座同定】 さんざどうてい

たくさんの山々が見える場所で、それぞれの山の名前を言い当てる（確定する）ことです。地図が読めるとよりわかりやすいですね。

田部井さんと登った山①

安達太良山

市毛良枝（俳優）

田部井淳子さんは、女性の生き方に道筋をつけてくれた人。女性の生き方や山への思いなどを聞くテレビ番組での出会いが初対面だった。箱根旧街道を一緒に歩き、たっぷり話を聞いて大好きになった。それから二十数年、姉と慕い、師として仰いで、いっぱい、いっぱい一緒に遊んだ。

「自分の山をやれ」と言われたのは、ふるさと、安達太良山でのこと。珍しく怒ったような顔で「人は女優の山登りと思う。私は本当の姿を知っているけど、世間はそう思わない。だからあなたらしい山をやってほしい」と言われ、深く身にしみた。その言葉に後押しされて、単独テント縦走を決意し、やっと山での自立を実感できた。

田部井さんの故郷、福島県の名峰・安達太良山。

会うたびに、いつも残してくれた素敵な言葉たち。「8,000mも一歩一歩」「エベレストも裏山も一緒」「やりたいことは、やろうとさえすればできる」「人と人、ものや場所を比べない」。当たり前なのに意外にできない金言の数々がいまも心に残る。

「山にいるけど、来ない?」「いや、先週そこにいたし、仕事もあって行けない」。いつもこんな調子。電報のような短い言葉で山に誘い、行けないと伝えると返事もない。それが自然で、飾らなくていい、ほどよい距離感の温かな交流だった。

約束はまだ果たしていない。いつか、これだと認めてもらえる山をやろうと心に誓う。

山の空

【モルゲンロート】

Morgenrot 独

朝日が昇る直前に、岩山や雪山の山頂部分がいち早く斜光を受けて赤く染まる現象です。また、朝焼けのこともいいます。一日の始まりを感じる厳粛な瞬間。Morgen は「朝」、Rot は「赤」の意。

【アーベントロート】

Abendrot 独

岩山や雪山が沈む夕日を受けて赤く染まることです。または、夕焼けのこと。Abend は「夕方」、「晩」の意。Rot は「赤」。日没のほんのひととき、山は荘厳なまでに美しい姿を見せてくれます。

【アルペングリューエン】

Alpenglühen 独

岩山や雪山で見られる山頂光のことです。日の出前にはいち早く、日の入り後には最後まで、高山の頂には光が当たり、薔薇色や金色に輝きます。

モルゲンロートに染まる北アルプス・白馬三山。

御来光を拝む荘厳なひととき。すばらしい一日が始まる。

【御来光】 ごらいこう

山で見る日の出のことです。雲海の彼方に、あるいは山並みの向こうに昇る朝日を拝むことは山に泊まったときの最大の喜びのひとつです。どこの山でも御来光を見ると、その日一日が特別のようでウキウキします。太陽の昇る寸前はまわりの雲が赤く広がってきて、来るゾ、来るゾとドキドキしますね。ピカッと太陽の一部がのぞいた途端歓声が上がり、目を閉じて祈ったり、心の中で今日も無事をお願いしますやら、子どもの健康や受験の成功や、結婚、就職まで、いろんなことを太陽にお願いしてしまいます。

【サン・ピラー】 sun pillar 英

日の出や日の入り時に見えることがある太陽柱のことです。空気中の氷の結晶に太陽光が反射して太陽を縦に貫く柱のように垂直に光ります。

【ブロッケンの妖怪】 Brocken 独

高山で背後に太陽があるときに前方の雲や霧に自分の影が大きく映り、まわりを丸い虹が囲んで見える現象です。魔女が集まるというドイツのブロッケン山で観測されたことからこう名づけられました。日本では古来、御来《ごらい》迎《ごう》と呼ばれてきました。空中に現れた阿弥陀《あみだ》如来《にょらい》の姿と考えられたからです。江戸時代、槍ヶ岳開山を果たした播隆上人《ばんりゅうしょうにん》も見たといいます。私も北アルプスや八ヶ岳で自分自身が輪の中に入っているのを見たことがあります。

【天使の梯子】 てんしのはしご

雲の切れ間から幾筋もの陽光が地上に降り注ぐ様です。天国と地上を結ぶ梯子のように見えるのでこの名があります。旧約聖書の描写にならい、ヤコブの梯子（Jacob's ladder）とも呼ばれます。

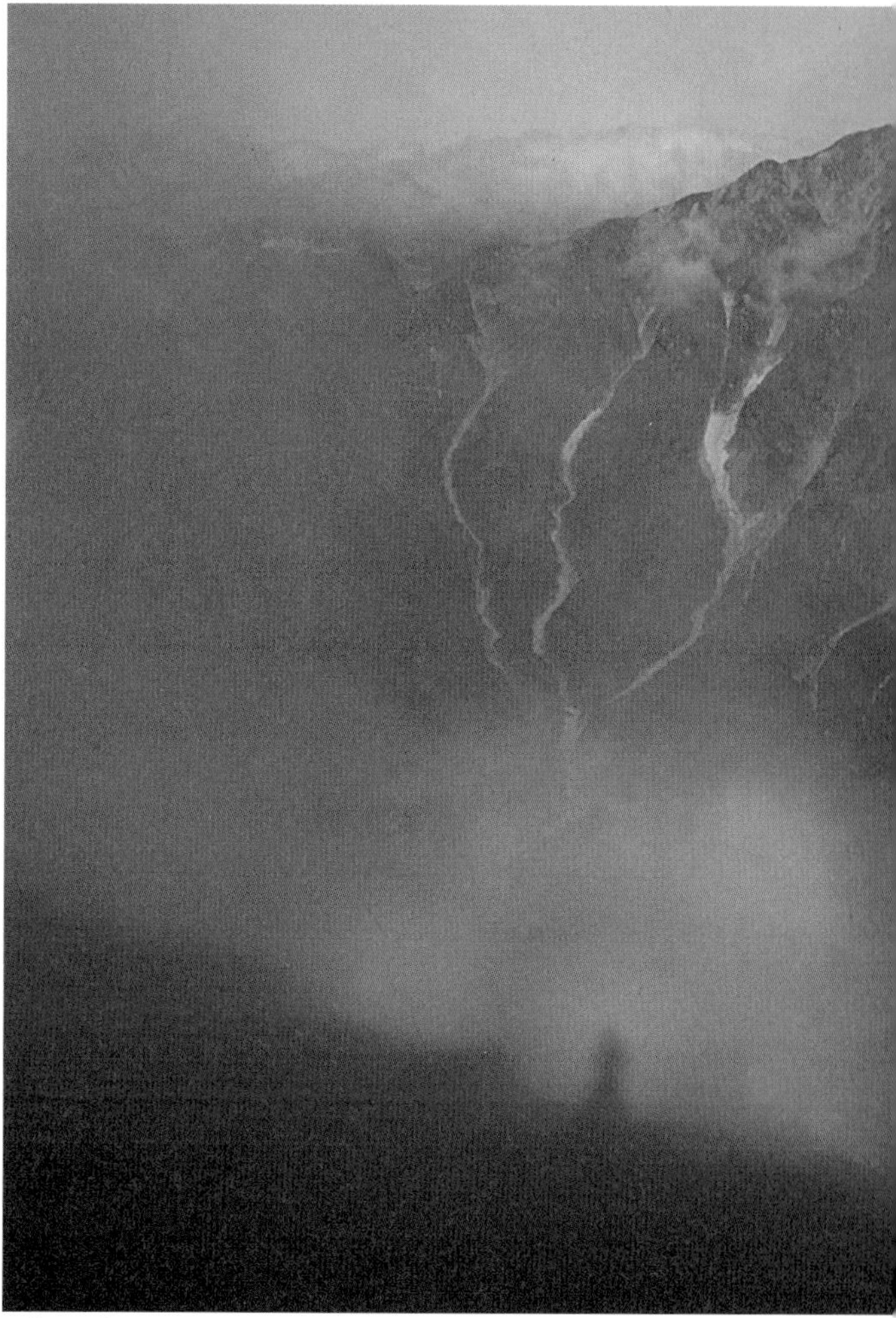

北アルプス・立山を背景に現れたブロッケンの妖怪(ブロッケン現象)。

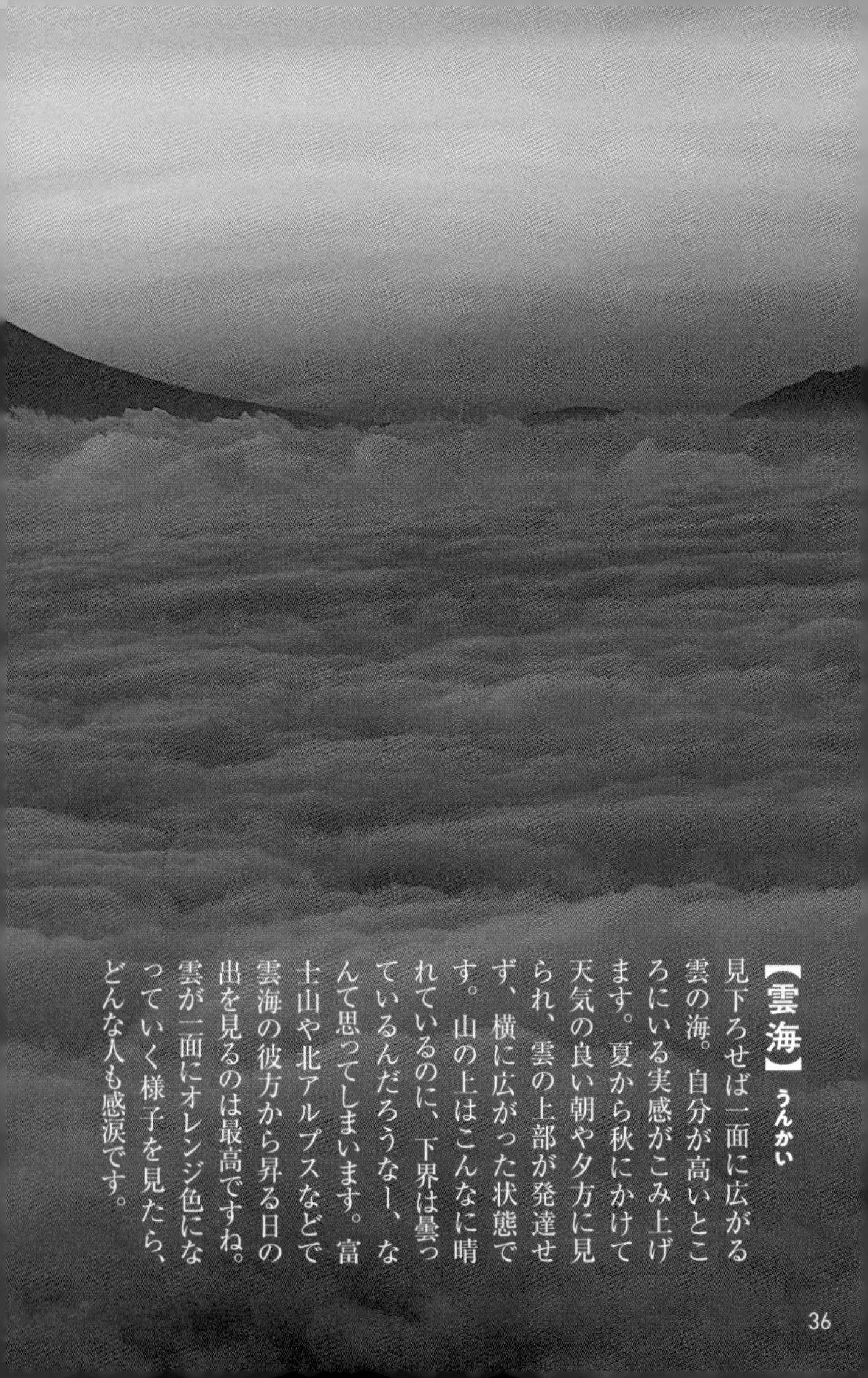

【雲海《うんかい》】

見下ろせば一面に広がる雲の海。自分が高いところにいる実感がこみ上げます。夏から秋にかけて天気の良い朝や夕方に見られ、雲の上部が発達せず、横に広がった状態です。山の上はこんなに晴れているのに、下界は曇っているんだろうなー、なんて思ってしまいます。富士山や北アルプスなどで雲海の彼方から昇る日の出を見るのは最高ですね。雲が一面にオレンジ色になっていく様子を見たら、どんな人も感涙です。

【雲表】 うんぴょう

雲を突き抜けた上側のことです。

【彩雲】 さいうん

太陽が近くにあるとき、光の屈折により雲の縁が虹のように光り輝く現象です。吉兆とされます。なかなか見るチャンスはないのですが、私は奥穂高岳で見ました。本当に不思議な色で美しかったですが、これを見たらよいことがあるな、と思うようにしています。

八ヶ岳・赤岳山頂から見た、雲海に浮かぶ黎明の富士山。

上昇気流があって絶好のパラ・セーリング日和だが、夕立には注意。

【上昇気流】

じょうしょうきりゅう

日が昇って気温が上がると、温まった空気が山に沿って上ってきます。すると水蒸気が凝結して雲ができ、午後になると、雨になることがよくあります。夏ならば積乱雲が発達して雷が発生します。だから山では早発ち早着きが基本なのです。

北アルプス・明神岳に湧き上がるガス。

【ガス】 がす

山の隠語で霧のことをいいます。山では上昇気流に乗って上がってきた雲に包まれた場合も、ガスに巻かれた、となります。私たちもよく山で「あっ、ガスが出てきたね」などと言いますが、それは霧のことで、火山から出る亜硫酸ガスなどはガスとは略しません。

【滝雲】たきぐも

強風に流されて稜線を越えた雲が下降気流に乗って滝のように落ちていく現象です。北アルプスの縦走のときに見た滝雲は壮大でまるで生き物のように流れ落ち、見事な光景でした。

遠く槍穂高連峰を望む北アルプス・乗鞍岳に現れた巨大な滝雲。

2本の飛行機雲。厳冬期西穂高岳稜線にて。

発達した積乱雲。奥穂高岳にて。

【飛行機雲】ひこうきぐも

晴れた山では飛行機雲が見えることがよくあります。上空の空気の温度が低く湿度が高いときにできるものですが、すぐ消えないでいつまでも残るようなら天気が悪くなる兆しです。

【積乱雲】せきらんうん

夏の午後、激しい上昇気流に乗って積雲が縦に発達するもので、「入道雲」ともいいます。激しい雷雨を伴います。冬の日本海側の地方で豪雪をもたらすのもこれです。

【雲の峰】くものみね

積雲や積乱雲の上部が山のようにそそり立ったもので、真夏の一風景ですね。

雲の峰 幾つ崩れて 月の山

松尾芭蕉が月山を詠んだ名句です。

富士山頂にかかった笠雲。

【笠雲】かさぐも

高い山の山頂付近にかかる笠のかたちをした雲です。天候悪化の兆し。

【レンズ雲】れんずぐも

凸レンズの形をした雲で、この雲が現れるときは上空では強風が吹いています。これも悪天の兆し。

【雷】 かみなり

山で一番怖いもの、それは夏なら雷です。日本の山では雷でそれほど怖い思いをしたことはありませんが、エベレストの第1キャンプで夜に遭遇した雷にはすくみました。テントの中でフラッシュがたかれたかと思うほどの白い閃光が走り、隊員みんなの髪の毛は逆立ち、テントに張り付きました。頭がビリビリとしびれて声も出ませんでした。

にわかに掻き曇った空に稲妻が走る。北アルプス・燕岳にて。

【虹】にじ

雨上がりに現れる光の芸術です。空中の水滴がプリズムとなって、太陽光線を分散させるためにできます。山で虹が見られたらとてもラッキーです。

山で出合う虹は特別。北アルプス・蝶ヶ岳にて。

晩秋の北アルプス・立山稜線の向こうに月が昇ってきた。

【月の出】つきので

日の出と同様、山で見る月の出もまた感動的です。日本に「日の出山」というのがありますが、韓国には「月出山」という山があり、面白いかたちの岩がたくさんあって楽しいところでした。

【月明かり】つきあかり

満月の夜なら、ヘッドランプ（P.182）なしでも歩けるほど山は明るいです。また、月明かりに浮かぶ山のシルエットは神秘的でさえあります。月が明るすぎると星が見えないという難点はありますが。

【残月】ざんげつ

明け方まで残り、だんだん光を失って白くなっていく月のことです。「有明の月」ともいいます。山では日の出とこの残月を同時に見られることもあり、それは感動的な情景です。自然の摂理というか宇宙の動きやしくみを垣間見たようで、ちょっと荘厳な気持ちにもなります。

 残月とエルゲンロートの北アルプス・後立山連峰　信州・小川村より

北極星の周りを回る星の軌跡。
上高地・徳本峠にて。

【満天の星】 まんてんのほし

月のない夜、晴天の山で見上げる夜空。星ってこんなにあったんだと思うほど、数えきれないほどの星々が輝き、吸い込まれるような気分になります。

【星座】 せいざ

山ではそれこそ砂を撒いたように無数の星が見えますが、星座や明るい星を覚えておけば、星空を見て方角を知ることも可能です。

【人工衛星】 じんこうえいせい

満天の星の中に、点滅しながらゆっくりと動く光が見えたら、それは夜間飛行中の飛行機です。そのうち轟音も聞こえてくるでしょう。飛行機よりも速いスピードで空をすべるように動く小さな光の点が見えたら、それは人工衛星です。天気のいい夜、ぜひ空を見上げて、人工衛星を見つけてください。

満天の星と、はっきりわかる天の川。

【天の川】あまのがわ

町の明かりがなく、空気が澄んだ山では無数の星の集まりである天の川がくっきりと見えます。「銀河」ともいい、太陽系が所属する銀河系の輪を内側から見た姿だそうです。

【流れ星】ながれぼし

晴れた夜には、山小屋やテントから外に出て星空を見上げてみましょう。街中ではめったに見ることのできない流れ星を、結構頻繁に見ることができます。何か願いごとをするのもよし。

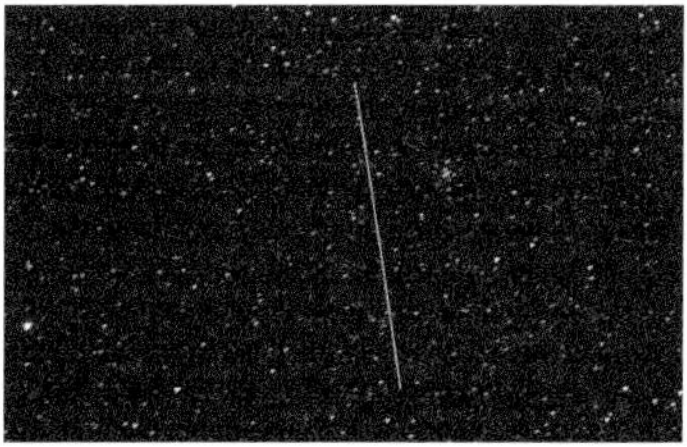
一瞬の流れ星を捉えた。

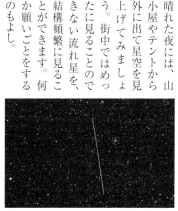

ブナの広葉樹林。信州・鍋倉山。

山の草木

【原生林】げんせいりん

人の手が一切加えられたことのない自然のままの森林。この中を歩くのも山登りの大きな楽しみのひとつです。

【広葉樹林】こうようじゅりん

ブナやミズナラ、カエデなど幅の広い葉をつけた木々からなる森林です。広葉樹には、落葉広葉樹と常緑広葉樹があります。

シラカバの森。奥志賀・岩菅山。

【森】もり

「山高きがゆえに尊からず。木あるをもって尊しとす」。高い山ももちろん尊いと私は思いますが、日本の山がすばらしいのは森の存在があるからでしょう。溢れる緑、豊かな植生、秋の実り、そしてそこに暮らす動物たち。森の土壌は澄んだ水の貯蔵所でもあります。国土の7割近くが森に覆われている日本は世界的に見ても大変恵まれているのです。

上高地・横尾谷、シラビソの原生林。

【針葉樹林】しんようじゅりん

亜高山帯（P.99）で針のように細くとがった葉をつける木々が大部分を占める森林です。トウヒ、コメツガ、シラビソなどの木々からなります。蔵王の樹氷はアオモリトドマツ（オオシラビソ）などの針葉樹があるのでできるのです。冬もぜひ樹氷を見に出かけてください。夏の針葉樹、冬の樹氷モンスターが見られる日本の自然は本当に変化に富んでいます。

【フィトンチッド】phytoncide 造

樹木が発する揮発性で良い香りのする物質のことです。森林浴が体にいいのは、殺菌力があるこの物質を全身に浴びられるからといわれ、疲労回復や自律神経を活発にする効果があるとされます。森林セラピーというのを聞いたことがあると思いますが、森の中を歩くと精神的に落ち着き、活力が出るというのはこれのおかげかもしれません。

【ブナ】橅

ブナ科の落葉高木で、樹皮は灰色。秋に黄葉し、クマなどの好物である実がなります。本州では標高1、000メートルから1、500メートルくらいまでの山地に分布。ブナ林の土壌は水を多く含み「緑のダム」とも呼ばれます。

新緑のブナ林。信州・鍋倉山。

【ダケカンバ】岳樺

亜高山帯に生えるカバノキ科の落葉広葉樹です。白樺に似ていますが、白樺より高いところに生え、樹皮は薄い茶色をしています。この樹皮ははがれやすく、昔は紙の代わりに字を書いたため、「草紙樺《そうしかんば》」の別名があります。

黄葉したダケカンバ。
北アルプス・八方尾根にて。

【ナナカマド】七竈

秋には鮮やかに紅葉するバラ科の落葉高木。全国の亜高山帯に分布します。名前の由来は、燃えにくく、七度竈に入れても燃えないことから。春

ナナカマドの実が赤くなった。北アルプス・涸沢にて。

には白い花が咲き、それが秋には真っ赤な実となり、山に彩りを添えてくれる代表的な植物のひとつです。ナナカマドの実がたくさん実った年には雪が多い、と故郷にいたとき聞いたことがあります。

【森林限界】しんりんげんかい

森林限界の常念乗越に建つ常念小屋。

亜高山帯の上限で、高い木が生育できる限界の高度です。日本アルプスで標高2、500～2、600メートルにあたります。ここより上は高山帯（P.98）で、ハイマツがおもな木となるため、ハイマツ帯とも呼ばれます。緯度の高い東北や北海道では日本アルプスより900～1、000メートルほど低くなります。

【ハイマツ】這松

本州中部以北の高山帯に生えるマツ科の常緑低木です。森林限界を超えてハイマツが現れる地帯まで登ると、一気に見晴らしがよくなり、高山に来たなという気持ちにさせてくれます。実はライチョウなどの鳥類の好物で、種子はホシガラスによって運ばれ、分布を広げます。初めてハイマツを見たのは小学校6年生で安達太良山に登ったときです。地面に這いつくばるように生えている姿にびっくりしました。

西穂山荘から登った丸山付近のハイマツ。

沢の清流と倒木。上高地・小梨平にて。

【倒木】とうぼく

針葉樹林やブナ林を歩くと、寿命が尽きて倒れた木々をたくさん見かけます。苔がびっしり覆うもの、菌類の苗床となっているもの、新たな木の芽が出ているものと、生命の世代交代と連続のドラマを見せてくれます。

【樹海】じゅかい

まるで海のように広い範囲にわたって樹木が茂っているところです。富士山の北西麓に広がる青木ヶ原樹海がもっとも有名。ここの土壌は溶岩で、ところどころに風穴や氷穴が見られます。青木ヶ原樹海はガイドの方と一緒に歩いてみてください。身近な場所で地球の不思議を感じさせてくれるところです。

【風穴】ふうけつ

山腹などにあり、夏でも冷風が吹き出す岩の洞穴です。内部は大きく、洞内の温度差で対流が生じて風となります。富士山のものが有名ですが、北アルプス前穂高岳の登山道や笠ヶ岳の麓を通る林道などにもあり、その爽やかな風を浴びると汗が引きます。

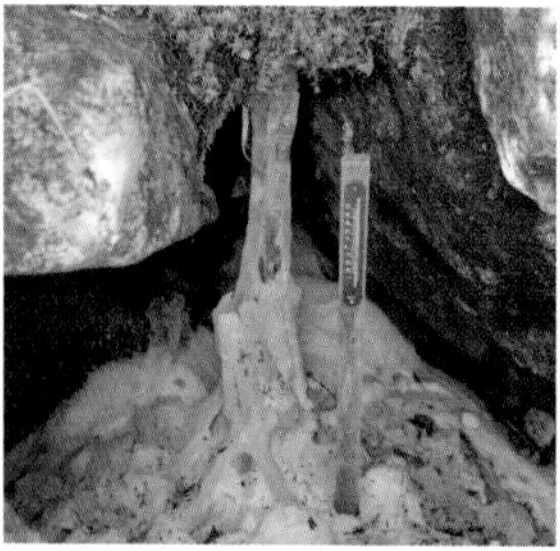
風穴。北アルプス・栂池自然園にて。

【氷穴】ひょうけつ

一年中解けない氷に覆われた溶岩洞窟のことです。富士山の鳴沢氷穴がよく知られています。

北八ヶ岳・麦草峠の苔むした原生林。

【苔】こけ

山中の岩や樹木、倒木に生え、天然の絨毯《じゅうたん》となっているところがあります。信州・北八ヶ岳などが有名です。

【山菜】さんさい

ワラビ、ゼンマイ、ウド、フキ、コゴミ、タラノメ……。日本の山が私たちにくれる恵みです。

【縞枯れ】しまがれ

亜高山帯にある常緑針葉樹林の一部が枯れて、白い縞模様が横に何列もできる現象です。北八ヶ岳の縞枯山はまさにその代名詞といっていいでしょう。近くの蓼科山や志賀高原、東北の八甲田山、奥日光の山などでも観察されています。

北八ヶ岳・縞枯山の縞枯れ現象。

【高山植物】こうざんしょくぶつ

高山帯に生える植物のことです。森林限界を超えているので小低木となります。短い夏にいっせいに花を咲かせ、登山者の目を楽しませてくれます。日本では高山植物の種類も多く、北海道の山から東北の山では標高が低くても見られるので、その花を見たくて今年も来ましたという方によく会うことがあります。

【お花畑】おはなばたけ

短い夏、一斉に花開いた高山植物の群落が山を華やかに彩ります。そこはまさに山上の楽園です。北アルプス白馬岳や中央アルプス千畳敷カールが有名ですが、東北の山から北海道の山に、山肌が見えないくらい花が咲き出したときに行くと、帰りたくなくなります。

59　北アルプス・涸沢盛夏。シナノキンバイのお花畑。

【ギンリョウソウ】銀竜草

高さ10〜20センチで山地の薄暗く湿った樹林帯に生え、葉緑体がなく、全体が白いので「幽霊茸《ゆうれいたけ》」の別名がありますが、乾燥すると黒くなります。

水晶蘭の別名もある。

【ミズバショウ】水芭蕉

本州中部以北と北海道の亜高山帯の湿原（P.132）に5月から7月にかけて花を開きます。尾瀬のものが有名ですが、北アルプス栂池《つがいけ》自然園、長野市鬼無里《きなさ》の奥裾花自然園のものも見事です。

白い部分は仏炎苞(ぶつえんほう)と呼ばれる。

【ニッコウキスゲ】日光黄菅

夏の初めに本州中部では高原に咲きます。「禅《ぜん》庭花《ていか》」ともいいます。花は一日でしぼんでしまうので、「一日花」とも。尾瀬ヶ原、日光霧降高原、信州霧ヶ峰の大群落が有名です。

花弁は6枚。

【コバイケイソウ】小梅蕙草

高さ1メートルほどの日本の固有種で、高山の湿気の多い草地に咲きます。根と茎に毒があるため、決して食べてはいけません。

高山植物の中では背が高い。

【ミネウスユキソウ】峰薄雪草

本州中部の高山帯で見られます。高さ10センチほど。ほかにもハヤチネウスユキソウなど、日本に数種類あるウスユキソウはエーデルワイスの仲間です。

高山に咲くウスユキソウの一種。

【クロユリ】黒百合

高さ10～30センチの高山植物で、7月頃花が咲きます。八ヶ岳にはこの花が咲くことから名づけられた黒百合平という峠があり、山小屋が建っています。

花は黒というより暗紫褐色。

【コマクサ】駒草

「高山植物の女王」と呼ばれ、本州中部以北の高山の砂礫《されき》地に咲きます。高さ8～15センチ。花の形が馬の顔に似ていることからこの名がつきました。

高山の荒れた土地に咲く。

【ハクサンイチゲ】白山一華

白山で発見されたのでこの名があり、高さは20センチほど。本州中部以北の高山に分布します。

これも日本の固有種。

【チングルマ】稚児車

高さ10センチほどの高山植物で、雪渓（P.129）近くの日当たりのよい場所に咲きます。秋には紅葉し、その花柱の形が子どもの持つ風車に似ることから、チゴグルマ、転じてチングルマとなりました。

花は小さくて可愛らしい。

【キタダケソウ】北岳草

南アルプス北岳の固有種で高さ10〜20センチ。梅雨のさなかに北岳頂上直下の南東斜面だけに咲きます。

北岳に登った人しか見られない。

【チシマギキョウ】千島桔梗

本州中部以北と北海道の高山の岩礫帯に咲く花です。高さ5～10センチ。千島列島で発見されたことからこの名があります。よく似たイワギキョウという花はもっと青味が強いです。

紫色の花が目を引く。

【高山蝶】こうざんちょう

日本アルプスすなわち中部山岳地帯や北海道中部の山岳地帯といった厳しい環境の高山帯にも蝶が生息します。アサヒヒョウモン、ウスバキチョウ、タカネヒカゲ、ミヤマモンキチョウなどが代表的です。

ミヤマモンキチョウ。

単語を見つける山行ガイド❶

針葉樹と苔を見に、北八ヶ岳に行く

日帰り、または1泊

体力度 ★☆☆

坪庭駅～坪庭散策（30分）～坪庭駅

坪庭駅～縞枯山荘（15分）～坪庭駅（15分）

白駒の池入口有料駐車場～白駒の池（15分）～池一周（45分）～駐車場（15分）

もっとも楽なのは北八ヶ岳ロープウェイを利用して坪庭に行き、坪庭を散策するとともに縞枯山荘まで平らな道を歩く方法。ロープウェイの乗車時間は9分。標高2、237mの坪庭駅まで連れて行ってくれる。目の前の坪庭は溶岩が固まった台地に針葉樹が生えた別世界。ロープウェイ乗車中から南北・中央アルプス、御嶽山、蓼科山、南八ヶ岳の絶景が楽しめる。散策コースは1周30分で歩ける。針葉樹駅から縞枯山荘まで歩いても15分だ。針葉樹の森を背景に建つ青い三角屋根の山荘はまる

白駒の池周辺に広がる苔に覆われた森。北八ヶ岳を象徴する風景だ。

※主に初心者・初級者に向けての、夏期を想定したコースガイドです。所要時間は目安で、各人の体力によって大きく差が出る場合があります。交通手段、各山域、施設の最新情報はインターネットなどでお調べのうえ、お出かけください。

でおとぎ話に出てくるような雰囲気。

もうひとつのおすすめは車かバスで行ける白駒の池入口有料駐車場から白駒の池を往復。北八ヶ岳を象徴する苔の絨毯が敷かれた針葉樹林の中を歩いて15分で白駒の池だ。北八ヶ岳に自生する苔の種類は500種以上、日本で見られる苔の4分の1があるというから驚きだ。池は45分ほどで1周でき、池畔の山小屋2軒で昼食もとれる。

坪庭を散策する。

神秘的な水をたたえる白駒の池は標高2、115mの場所にある。

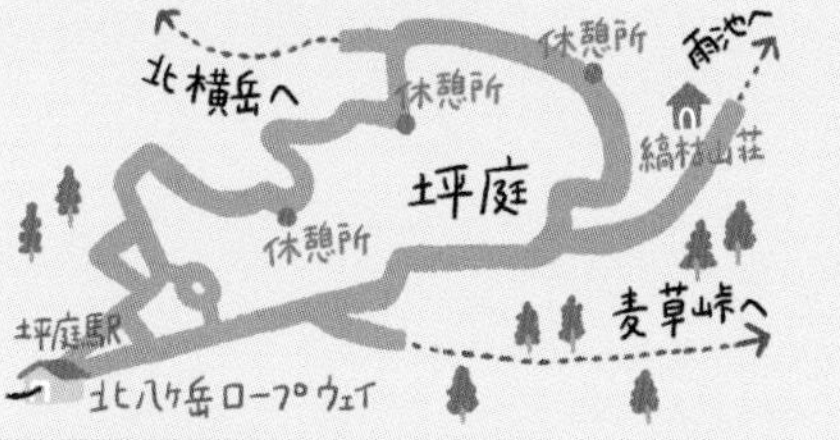

コマクサの群落を見に、北アルプス入門の山・燕岳に登る

1泊　体力度 ★★★

中房温泉〜合戦小屋(3時間)〜
燕山荘(1時間30分)〜燕岳(30分)〜
燕山荘(25分)(泊)
燕山荘〜中房温泉(3時間)

日本三大急登のひとつ、合戦尾根を登って燕《えん》山《ざん》荘を目指す。標高差は1、250m以上あるが、登山道はよく整備されている。途中に第1〜第3ベンチ、富士見ベンチがあり、休憩にもってこいだ。合戦小屋では夏の間、冷えたスイカが食べられる。小屋からジグザグの登山道を登ると間もなく森林限界を超えて合戦沢の頭だ。右手に燕岳《つばくろだけ》、稜線上には槍ヶ岳の穂先も顔を出す。山荘に到着すると、劔立山連峰、裏銀座の山々、槍穂高連峰が目に飛び込んでくる。

疲れていなければ、燕岳を往復しよう。時期が合えば白い砂礫地にピンクのコマクサが群落を形作っている。花はほかにもいろいろ見られる。イルカ岩など花崗岩のオブジェと絶景を眺めながら標高2、763mの燕岳に到着。展望を楽しんだら今夜の宿・燕山荘に戻ろう。

山荘でおいしい夕食を味わい、食後は、オーナーによるアルプホルンの演奏を楽しむ。翌日合戦尾根を通って中房温泉へ下山したら、露天の立ち寄り湯で汗を流すのもおすすめだ。

登るにはそれなりの体力が要る燕岳だが、
季節が合えば高山植物の女王コマクサの群落に出合える。

稜線付近ではほかにもさまざまな種類の高山植物が楽しめる。そして森林限界を超える高山なので北アルプスをはじめ山々の展望も雄大だ。天気が良ければ妙高連山、浅間山、八ヶ岳や南アルプス、富士山まで見える。

富士いろいろ

【影富士】かげふじ

朝夕の斜光線により富士山の影が地上や雲海に映り込んだものです。赤富士よりは見るチャンスが多いかと思います。私も何度か見ましたが、なん

だか得した気分になりますね。ほかにも「影鳥海」、「影槍」など各地の高山に同様の呼び名があります。富士五湖に映る富士山の姿も影富士と呼びます。

【赤富士】 あかふじ

葛飾北斎の『富嶽三十六景』に描かれた有名な絵柄そのものを見られた人は幸運です。夏の終わりから秋の初めの早朝にまれに見られることがあります。赤富士は私もまだ見ていませんが、真っ赤に染まった空に黒いシルエットの富士山は見たことがあります。これもなかなかいいものです。

新雪の赤富士。貴重な瞬間。

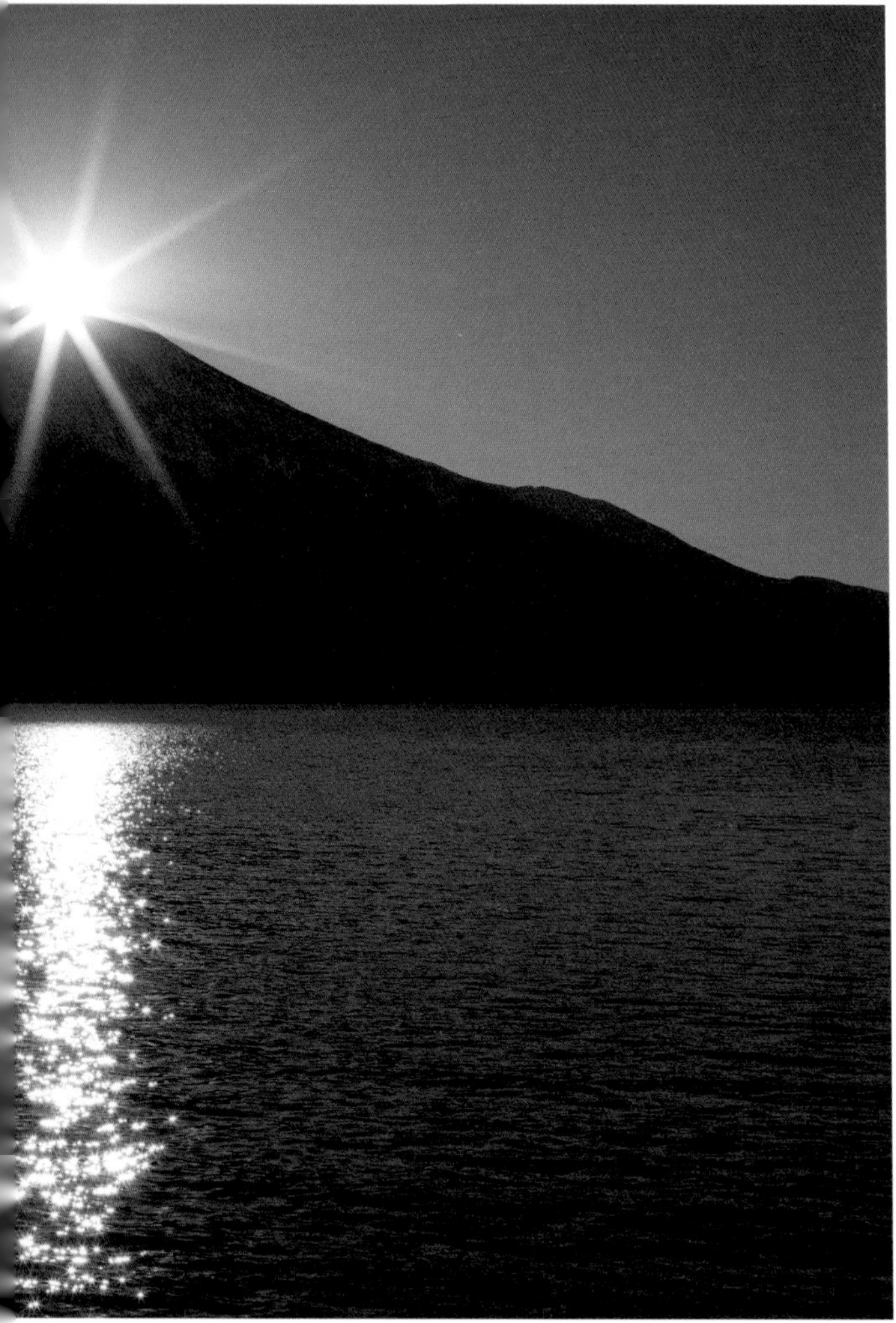

山中湖から見たダイヤモンド富士。

【ダイヤモンド富士】 **だいやもんどふじ**

まれに日の出や日の入りが富士山頂と重なったときに、太陽がダイヤモンドのようにきらめき光る様子です。

山中湖に映る逆さ富士。

【逆さ富士】さかさふじ

富士五湖などの湖面に富士山の姿が逆さに映ったもので、天気が良く、湖面が凪いでいるときにしか見られません。現在発行されている千円札に印刷されているのは本栖湖畔から見た逆さ富士です。

標高1,721メートルの利尻岳は利尻富士とも。

【おらが富士】おらがふじ

日本一の標高を誇る富士山に似た形の山が全国に多数あり、その数360を超えるといいます。地方ごとに実際の山名のほかに「〇〇富士」という呼び名があるようです。

山の季語

【山笑う】やまわらう

春の季語。私の一番好きな季語です。冬の眠りから覚めた山の木々がいっせいに芽を吹く新緑の頃の山は、淡いよもぎ色の緑や濃い緑、葉の裏が白く光る木々の間に芽生えたばかりのピンクの枝が揺れ、まるで雪洞《ぼんぼり》のように山桜が点在し、山一面笑っているように思えて一番元気が出るときですね。

【山滴る】やましたたる

夏の季語で、山が鮮やかな緑で溢れる様子です。

【山装う】やまよそおう

秋の季語で、山が紅葉の錦で着飾っているような様子です。松の緑、シラビソの緑の中に真っ赤に染まったナナカマド、ドウダンツツジ、ウルシ、そして黄色いカエデが点在し、白い幹のダケカンバが織り成す日本の紅葉はまるで神々の衣のようです。

【山眠る】やまねむる

冬の季語。山が深い雪に閉ざされて眠っているような様子です。いかにも静まっているということが表現されていますね。

上高地・田代池と霞沢岳。

萌える新芽と山桜。北アルプス・白馬山麓。

北八ヶ岳・高見石から白駒の池を見る。

北アルプス・穂高涸沢の紅葉。

山の動物

【ウグイス】鶯
全長15センチほどのウグイス科の小鳥で、夏は山地に、冬は平地に暮らします。「ホーホケキョ」とさえずります。「ケキョケキョケキョケキョ」と続くのは「鶯の谷渡り」といいます。

その鳴き声は古来、愛でられてきた。

【メジロ】目白
全長12センチほどの黄緑色のメジロ科の小鳥。目の周りに白い輪があることからこう呼ばれます。広葉樹林に暮らし、「チーチーチュルチュル、チリツルツル」とさえずります。

お腹は淡い黄色をしている。

【コマドリ】駒鳥

夏に飛来するツグミ科の渡り鳥で、全長14センチほど。「ヒンカラカラカラカラ」という美しいさえずりが馬のいななきを思わせることからついた名のようです。低山から亜高山帯で繁殖します。

ウグイス、オオルリとともに日本三鳴鳥。

【ホトトギス】不如帰

全長28センチほど。初夏に飛来するカッコウ科の渡り鳥で、「テッペンカケタカ」、「トッキョキョカキョク」とさえずります。ウグイスなどの巣に托卵します。

時鳥とも表記される。

【オオルリ】大瑠璃

全長17センチ、夏鳥として飛来するヒタキ科の渡り鳥です。低山から亜高山帯で繁殖し、オスは瑠璃色の体色で、「ピリーリー、ピールリ、ピールリ、ジィ、ジィ」とさえずります。

日本三鳴鳥のひとつ。

【アカゲラ】赤啄木鳥

キツツキの一種で、全長は25センチほど。北海道、本州、四国の森林にいます。オスは後頭部も赤です。下腹部が赤く、くちばしで小刻みに木をつつく「ドラミング」の音が聞こえることがあります。

代表的なキツツキのひとつ。

【カッコウ】郭公

夏の高原で「カッコウ　カッコウ」という鳴き声がよく聞かれます。全長35センチほどのカッコウ科の渡り鳥で、モズなどの巣に托卵します。

別名閑古鳥(かんこどり)とも。

【ミソサザイ】鷦鷯

全長10センチの日本最小の鳥のひとつで、低山から亜高山帯の樹林に住むミソサザイ科の小鳥です。体に似ず大きな声のさえずりは「ピィチーピルルル、ピーチーピルピル」と聞こえます。

小さいのに一生懸命さえずる。

【アマツバメ】雨燕

高山の上空を群れをなして飛ぶ、全長20センチほどの渡り鳥です。口を開けて飛びながら、飛んでいる虫を捕らえて食べます。アマクロツバメ、アマドリとも。

北アルプス・立山・雄山山稜を背景に飛ぶ。

【イワヒバリ】岩雲雀

本州の高山の岩場で見かけるイワヒバリ科の鳥で、軽やかな声で鳴きながら山の空を飛んでいます。寒くなると麓に下りて越冬します。

高山植物の種や昆虫を食べる。

【ホシガラス】星鴉

高山に暮らすカラスの仲間で、焦げ茶色の全身に星のような白い斑点がたくさんあります。ハイマツの実を好んで食べ、その種子を方々に運びます。

ハトほどの大きさでガアガアと鳴く。

日本はライチョウが生息する南限。

【ライチョウ】雷鳥

中部山岳の高山帯に暮らす特別天然記念物。全長35センチほどの鳥で丸みを帯びた体つきが特徴です。羽毛は夏は褐色、冬は白になります。あまり飛ぶことはなく、天敵から身を守るため晴れているときはハイマツの中に隠れていて、ガスがかかると出てくることが多いです。植物の実、昆虫などを食べます。※生息地は北アルプス、南アルプス、木曾御嶽山、頸城山塊などです。立山でよく見られます。人を恐れないため近くで見ることができますが、今は個体数がかなり減ってきているので、決して危害を加えないようにしましょう。

※一度は絶滅したとされていた中央アルプスで、環境省がライチョウの野生復活計画を進めている。

【イヌワシ】犬鷲

北海道、本州、四国、九州の山地に生息する全長が最大で85センチほどのタカ科の猛禽類ですが、数が少なくなかなか見る機会はありません。国の天然記念物です。

英語では「ゴールデン・イーグル」。

【クマタカ】角鷹

全長はオスで72センチ、メスで80センチほどのタカ科の猛禽類です。「森の王者」と呼ばれます。北海道から九州の山地に生息。やはり個体数が少ないです。

古くは鷹狩に用いられた。

【リス】栗鼠

本州、四国には「ニホンリス」、北海道には「エゾリス」がいます。リス科の哺乳類でおもに樹上生活をし、好物はクリやクルミなどの木の実です。

別名キネズミ、クリネズミ。

【ヤマネ】山鼠

ヤマネ科の小動物。しっぽを入れても体長は10センチほどです。本州、四国、九州の山地で木の上に生息し、冬眠します。毛は茶色で背に黒い線が1本縦に走っています。国の天然記念物です。

愛くるしい日本の固有種。

【キツネ】狐

イヌ科の哺乳類で、北半球に分布するアカギツネの亜種として、北海道には「キタキツネ」、本州その他の山には「ホンドギツネ」がいます。

雑食性の哺乳類。

【ニホンザル】日本猿

世界でもっとも北に暮らすオナガザル科の猿で、青森県の下北半島が北限です。日光では町中まで、上高地では旅館の近くにまで出没します。

冬の志賀高原のニホンザル。

【シカ】鹿

シカ科の哺乳類ニホンジカは、北海道の「エゾシカ」、本州の「ホンシュウジカ」、屋久島の「ヤクシカ」などの亜種に分けられ、北のものほど体格が大きくなります。

最近はシカの食害が問題に。

【オコジョ】おこじょ

本州、北海道の亜高山帯に棲むイタチ科の小動物です。夏毛は腹部の白、尾の先の黒以外が褐色。冬毛は尾の先以外全身が白の保護色になります。体長20~25センチほどの愛らしい姿ですが、動きがすばしっこい肉食獣です。山の神の使いともされます。

冬毛のホンドオコジョ。見事な保護色。

【カモシカ】羚羊

国の特別天然記念物ニホンカモシカは、中国地方を除く本州、四国、九州の標高1,500メートルを超える険しい山地などに暮らすウシ科の動物です。二つに分かれた蹄《ひづめ》（偶蹄類）が険しい崖や斜面を上り下りするのに適しています。日本の固有種です。

人に出合っても逃げないものもいる。

【山親父】やまおやじ

クマ（熊）のことをこう呼びます。北海道にはヒグマ、本州以南にはツキノワグマがいます。なるべく出合いたくないですね。身の危険のないところ、つまり遠くから眺めるだけならいいでしょう。

山で出合うことは滅多にない。

【イワナ】岩魚

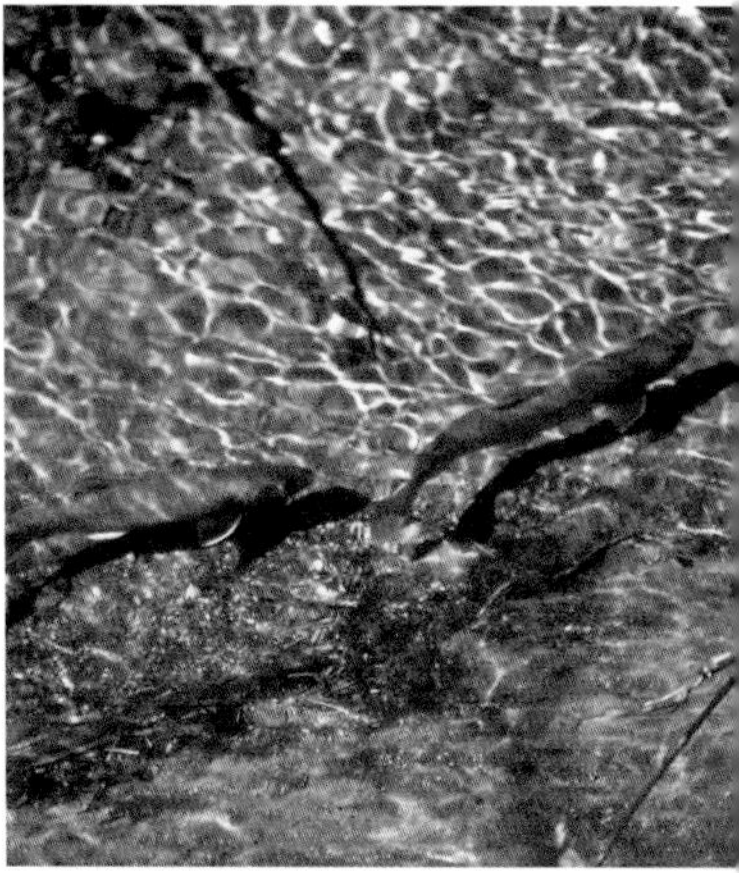
渓流魚の王様といわれる。

山の清流に棲むサケ科の淡水魚です。淡水魚の中でもっとも冷たい水を好み、河川の最上流部に棲んでいます。沢登りをしたとき一度、沢の側にテントを張り、各人がとってきたイワナを焚き火で焼いて食べたことがありました。そのおいしさは忘れられません。そのときの情景も忘れられません。

【ヤマメ】山女

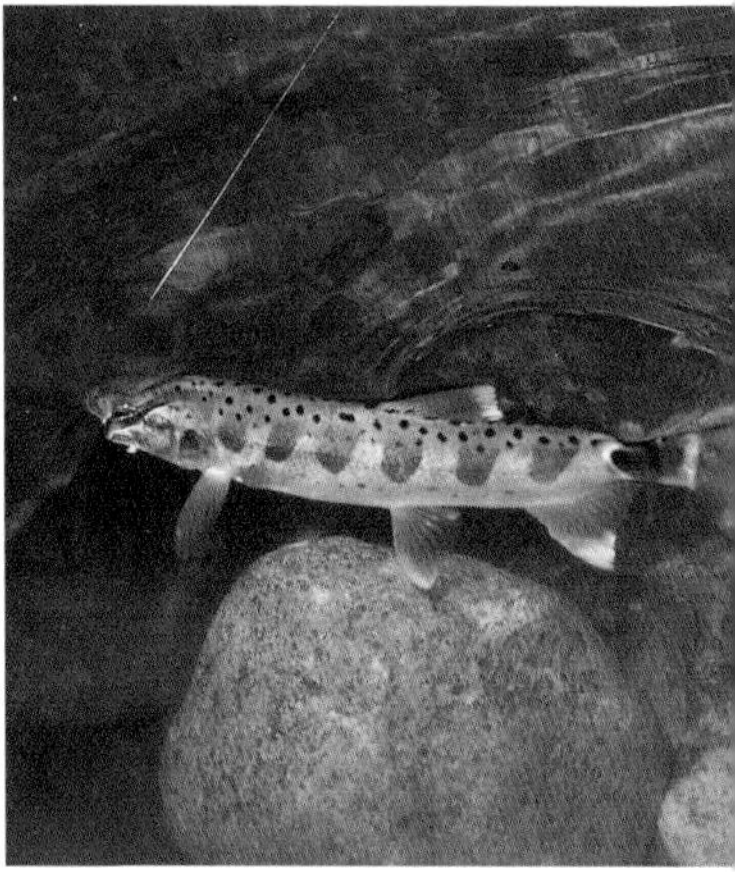
小判形の模様と黒い斑点が特徴。

サケ科のサクラマスの中で一生海に下らず川に暮らすものをヤマメと呼びます。イワナより下流に棲み、淡い褐色で黒いまだら模様がります。沢登りをしたときヤマメやイワナがいると興奮しますね。でも、なかなか素人では釣れません。

【カジカガエル】河鹿蛙

本州、四国、九州の渓流に生息するアオガエル科のカエルで、オスはシカに似た、口笛のような美しい声で鳴きます。初夏から夏に那須の三斗小屋温泉に泊まると、夜にその声を聞けます。

のどを膨らませて鳴いているところ。

岩手県と福島県の一部のものは天然記念物。

【モリアオガエル】森青蛙

本州、四国、佐渡島の山地の森に生息するアオガエル科の日本の固有種で、池や沼の周辺にある木の枝先などに泡状の卵塊を産み付けます。

【サンショウウオ】山椒魚

日本では20種類が確認されています。山地の沢や水辺に暮らす両生類で、もっとも大きいオオサンショウウオは全長が1・5メートルにもなります。ほかの種類はみな20センチ以下です。

ハコネサンショウウオ。

単語を見つける山行ガイド❸

ライチョウに会いに、立山・室堂へ行く

日帰り、または1泊 | 体力度 ★☆☆

室堂ターミナル～室堂山荘（10分）～エンマ台（20分）～雷鳥荘（25分）～みくりが池（25分）～室堂ターミナル（15分）

長野県大町市側、富山県富山市側のどちらからも立山黒部アルペンルートで乗り物を乗り継いで、標高2，450mの室堂にたどり着ける。アルペンルートの開通期間は例年4月中旬から11月下旬。ただし積雪のある期間が長く、夏の早い時期は残雪があることも。また、ホテルから温泉付き山小屋まで宿泊施設も充実している。多少のアップダウンはあるが、遊歩道を散策しながら宿へと行ける。室堂は三方を立山連峰に囲まれた雲上の別天地。北側の別山稜線越し左側に少しだけ剱岳も見える。運が良ければ富山平野一面を覆う雲海が見られるかも。

高山植物も多数種見られ、散策路沿いのハイマツの中やみくりが池付近などでライチョウに出合うチャンスがある。だが、遭遇確率がより高いのは残雪の多い6月までだそう。

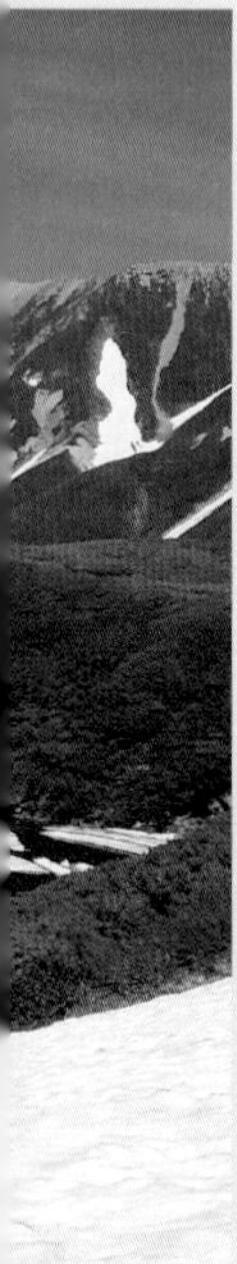

運が良ければ特別天然記念物のライチョウに出合える。

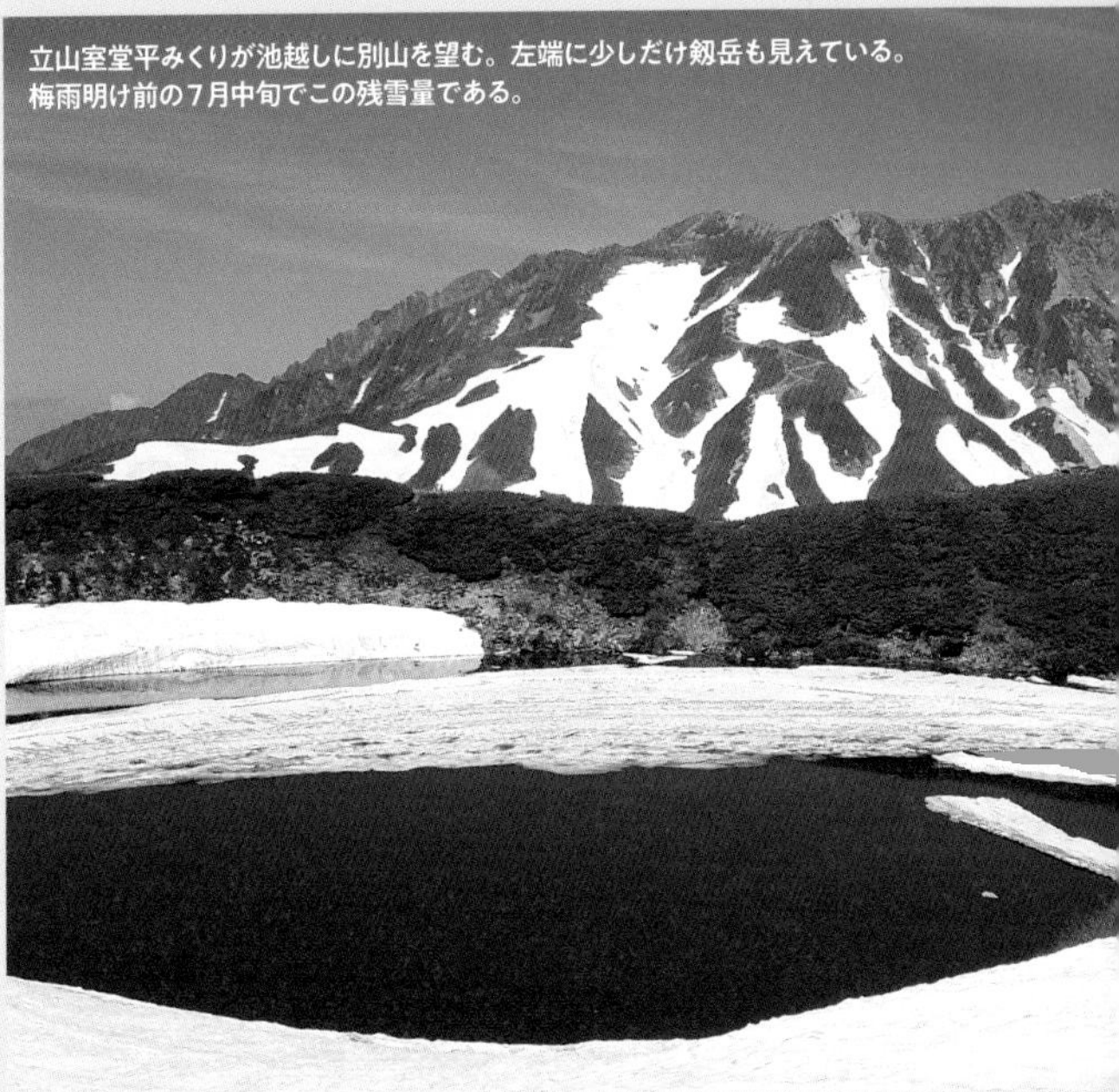

立山室堂平みくりが池越しに別山を望む。左端に少しだけ剱岳も見えている。
梅雨明け前の7月中旬でこの残雪量である。

室堂散策だけでも十分絶景が楽しめるが、体力と日程に余裕があれば一ノ越まで、または立山雄山に登ってみよう。ただし真夏でも一ノ越までの登山道には残雪があることが多いので、足回りはきちんとした物をそろえたい。

高山への誘《いざな》い

3,000メートルを超す高峰が連なる穂高連峰。

【3,000メートル級】《さんぜんめーとるきゅう》

富士山や日本アルプスの山々など、日本には21座の3、000メートルを超える山があります。それらと、3、000メートルには満たないが2、900メートル台の高峰を指していう言葉です。

【日本アルプス】にほんあるぷす

明治時代、槍ヶ岳に登った英国人冶金《やきん》技師ガウランドが飛驒山脈に命名しました。後に英国人宣教師ウエストンが飛驒山脈・赤石山脈をこう呼び、日本山岳会の創設者・小島烏水《うすい》が飛驒山脈を北アルプス、木曾山脈を中央アルプス、赤石山脈を南アルプスと名づけ、今日に至っています。

【アルプス1万尺】あるぷすいちまんじゃく

アメリカ民謡「ヤンキー・ドゥードゥル」に日本語の歌詞をつけた替え歌です。歌詞は29番（!）まであり、その1番が「アルプス1万尺～」と始まりますが、1万尺は約3、000メートルですから、日本アルプスのことを歌っているわけで

厳冬の北アルプス・槍穂高連峰。遠く富士山と南アルプス、八ヶ岳。

す。そのあとの「小槍の上で」の小槍とは、槍ヶ岳の穂先の下にあるピークのことです。岩登りの技術がないとここには立てませんし、狭いピークなので「アルペン踊り」を踊るのはかなり怖いと思います。

【アルペン的】 **Alpen** **独**

Alpenは「アルプス(の)」、「高山の」という意味で、ヨーロッパ・アルプスのような岩山、夏でも雪が残る山に使います。その意味で日本アルプスは、まさしく「アルペン的」です。

槍の穂先の右下に小槍が見える。

槍ヶ岳を目指す表銀座縦走路の途中・西岳山頂。

【表銀座】おもてぎんざ

山にも銀座があるなんて！　北アルプスの人気縦走路で、歩く人が多いことからこう呼ばれます。中房温泉～合戦尾根～燕岳～大天井岳～西岳～東鎌尾根～槍ヶ岳のルートです。

槍ヶ岳へと続く裏銀座縦走路を望む。眼下に鷲羽池。

【裏銀座】うらぎんざ

表銀座に対し、ブナ立尾根から烏帽子岳〜三ツ岳〜野口五郎岳〜鷲羽岳〜三俣蓮華岳〜双六岳〜樅沢岳を通り、西鎌尾根を経て槍ヶ岳に至る縦走路の名称です。

北アルプス・蝶ヶ岳稜線から槍穂高連峰を望む。

【高山帯】 こうざんたい

森林限界を超えた地帯。「ハイマツ帯」ともいわれます。中部山岳ではおよそ標高2,500メートル以上になります。

亜高山帯の北アルプス・栂池高原に広がる樹林。

【亜高山帯】 あこうざんたい

山地帯より上の森林限界までの高度です。中部山岳地帯では標高1,700〜2,500メートルくらいで、常緑針葉樹林帯となっています。森林限界より上が高山帯となります。

【日本百名山《にほんひゃくめいざん》】

作家・深田久弥さんがその著書『日本百名山』で取り上げた日本全国の山々です。私はまだ百名山全部を登っていませんが、どの山もすばらしいですね。登った後でそこが百名山のひとつだったなどということを知ったりもします。

日本百名山のひとつ、初冬の剱岳。百名山には高山が多い。

新雪の鹿島槍ヶ岳。右が北峰、左が南峰。

【双耳峰】 そうじほう

二つの尖ったピークから成る山頂のことです。有名なものに谷川岳オキの耳、トマの耳や鹿島槍ヶ岳北峰、南峰があります。

奥穂高岳と前穂高岳を結ぶ吊尾根。

【吊尾根】つりおね

二つの山頂を結ぶ稜線がハンモックを吊ったような形にたわんでいるものをこう呼びます。前穂高岳と奥穂高岳の間や、鹿島槍ヶ岳のものが有名です。

左側、手前にせり出した尾根がザイテングラート。

【ザイテングラート】

Seitengrat 独

Seiten は「側面の」、Grat は「稜線」で、「側稜」という意味です。北アルプスの涸沢から穂高岳山荘に登る登山道はザイテングラートと呼ばれ、ほとんど固有名詞化しています。昔はここで5月の残雪期に滑落停止（P.211）の練習やグリセード（P.209）の練習を随分行いました。

地蔵岳のオベリスク。

【オベリスク】

obélisque 仏 obelisk 英

古代エジプトの神殿の門前に建てられた記念碑で方尖塔ともいいます。現代のアメリカ合衆国ワシントンD.C.や、フランスはパリのコンコルド広場にもありますね。実は山にもあるのです。もちろん自然のオブジェ。南アルプス鳳凰三山地蔵岳山頂のオベリスクがもっとも有名でしょう。高さは30メートルほどあり、麓の甲府盆地からもはっきり見えます。

奥穂高岳から見たジャンダルムの勇姿。

【ジャンダルム】

gendarme 仏

「憲兵」を意味する言葉ですが、登山用語では主峰の近くに聳える前衛峰の意味で使われます。北アルプス奥穂高岳のジャンダルムと剱岳チンネ（P.171）のジャンダルムがよく知られています。奥穂高岳のジャンダルムは遠くからも格好よく見えるので、多くの岳人の憧れの的になっています。縦走路上にあり、一般登山者でも登れますが、それでもそこは日本有数の難路で、初心者には近づけません。剱岳のジャンダルムはクライマーのみが登ることのできる岩峰です。

深く切れ込んだ大キレット。北穂高岳より。

【キレット】切戸

山稜が深く切れ込んだ場所です。英語では「ギャップgap」といいます。つまりキレット（キレト）は日本語なのです。「切処」とも書き、主に信州での呼び名です。同じ地形を越中富山では「窓」（P.137）と呼びます。北アルプス槍～穂高岳間の大キレットがあまりにも有名ですが、ほかにも唐松岳北方の不帰《かえらず》キレット（不帰ノ嶮）、五竜岳～鹿島槍ヶ岳間の八峰キレット、八ヶ岳赤岳～権現岳間のキレットがよく知られています。

【馬の背】うまのせ

ナイフ・エッジと同じく左右が切れ落ちた稜線のことです。北アルプス奥穂高岳から西穂高岳に向かう縦走路最初の難所にこの名があります。

西穂高岳から奥穂高岳縦走路最後の難所・馬ノ背。

【高度感】こうどかん

切り立った岩稜や岩壁を登るときに味わえるスリルのことです。高所恐怖症の人にはあまりおすすめできませんが。

【ナイフ・エッジ】knife edge 英

ナイフの刃のように切り立っていて左右がすっぱりと切れ落ちた稜線のことです。よく「ナイフ・リッジ」という言い方がされますが、これはknifeとridge（尾根、稜線）をつなげた和製英語です。エベレストの頂上直下南峰からヒラリー・ステップと呼ばれるところの間はまさにナイフ・エッジで、生涯の中でも最も緊張した箇所だったと思います。

【バットレス】buttress 英

北岳バットレス。日本第2位の高峰の頂上に向かって突き上げる大岩壁の名称です。高度差600メートルに及ぶ南アルプス随一の岩登りのメッカ。バットレスとは建築用語で壁が倒れないように支える控え壁のことで、岩壁を支えるように走っているいくつもの岩稜をこれに見立てたものです。北岳バットレス第4尾根に「マッチ箱」と呼ばれる四角の岩があったのですが、2010年に一部が崩落してしまいました。

北岳バットレスの大岩壁を見上げる。

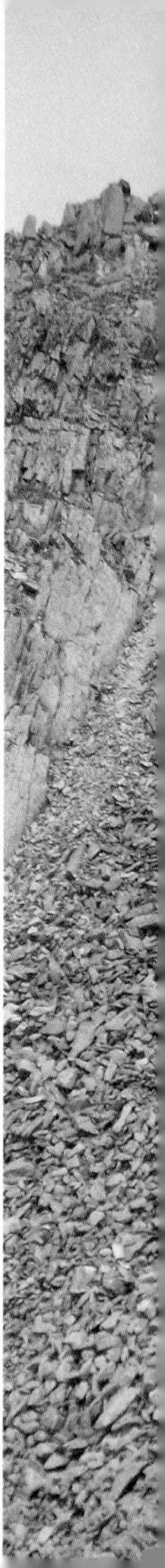

山頂に突き上げる厳冬の槍ヶ岳北鎌尾根。

【鎌尾根】かまおね

鎌の刃を思わせる切り立ったやせ尾根のことです。その代表は何といっても槍ヶ岳北鎌尾根でしょう。登山者憧れのバリエーション・ルートです。

槍ヶ岳北鎌尾根上の顕著なピーク・独標。

【独標】どっぴょう

地形図で標高が書かれている地点を「標高点」あるいは「独立標高点」といい、後者を略した呼び方です。西穂高岳独標と槍ヶ岳北鎌尾根独標が有名です。

【一般ルート】いっぱんるーと

北アルプス・八方池に続く一般ルート。

登山道が整備され、道標や目印がある、一般向けの登山道です。とはいっても、鎖場や梯子が連続する険しいルートもあります。

【コース・タイム】course time 英

ある登山コースの登降にかかる標準的な時間のことですが、ガイド・ブックや登山地図によって多少異なります。

【赤布】あかぬの

雪山で細竹につけてところどころに刺し、道標がわりに使います。一般登山道の印にも使われます。アンナプルナやエベレストのときもこの赤布を持参しました。吹雪いていて道がわからなくなったときも強い味方になります。

【鎖場】くさりば

鎖場では慎重な行動を。

一般登山道で安全のため、険しい岩場などに鎖が取り付けられた箇所のことです。ほかに梯子や針金が取り付けられた場所もあります。

【ペンキ印】ぺんきじるし

登山道のところどころの岩や木に赤や黄色、白のペンキでつけられたマークがあります。矢印は進む方向を表し、○は進んでよし、×は進んではいけないを表します。日本の山では岩に直接ペンキで印がつけられていますが、海外ではあまりないですね。

安達太良山、くろがね小屋方向を示すペンキ印。

【木道《もくどう》】

湿原やお花畑のあるところで木の板を敷いて道としたものです。植生保護のために歩道のスペースを制限してあるものですので、そこからはみ出して歩くことはご法度です。木道といえばなんといっても尾瀬ですね。

尾瀬ヶ原の木道。

【丸木橋《まるきばし》】

登山道が沢を渡る場所や、沢伝いについている場所に丸太を組んだ簡素な橋がかけられていることがあります。雨や霧で濡れているときは滑らないように注意が必要です。

増水した沢を丸木橋で渡る。

【吊り橋《つりばし》】

山奥の川や沢にはよく吊り橋が見られます。橋脚がなく、両岸からケーブルで吊ってあるもので、小さいものは揺れたり、一度に渡れる人数が制限されていたりします。

【梯子《はしご》】

登山道の崖や切り立った場所には人の手で梯子がかけられているところもあり、「梯子場」といいます。北アルプス・槍ヶ岳の頂上への梯子が、一番急で長いところです。

梯子が整備された登山道。黒部峡谷下ノ廊下。

【ガラ場《がらば》 ガレ場《がれば》】

やや大きめの石で埋め尽くされた崩壊した斜面のことです。こんな場所につけられた登山道では浮石や落石に注意が必要です。こういった場所では途中で休まずになるべく速やかに通過しましょう。

【薙ぎ《なぎ》】

「ガラ場」、「ガレ場」に同じです。

【浮石《うきいし》】

不安定な状態で積み重なっている石のことで、うっかり足を載せるとこれが動いて滑落したり、落石になったりする厄介なものです。岩場やガレ場を歩くときはこの浮石に注意してください。手を使って登るときも浮石をつかむと滑落の原因になるので、一つ一つ確かめることが大事です。

【ザレ場《ざれば》】

ガレ場より小さい石や砂礫が埋め尽くす斜面をいいます。

【石車】いしぐるま

うっかり踏んだ小石が足の下で動き、体勢を崩したり転んでしまったとき、「石車に乗った」といいます。

馬ノ背を越えて奥穂高岳山頂に向かう道。一面のガレ場だ。

歩くたびに小石や砂礫が崩れて難儀をさせられる場所です。これも「薙ぎ」ともいいます。小さな石でもコロコロ回り石車のようになって滑るので注意が必要です。よく「山で石車にも口車にも乗ってはいけない」などと言っています。

コマクサ咲く北アルプス・燕岳稜線のザレ場。

遠目にはなだらかな野口五郎岳。山頂は大岩がゴロゴロ。

【ゴーロ】 ごーろ

大きな石や岩がゴロゴロしている地帯。この岩石累々とした場所の呼び名が転じてついた名前に北アルプス野口五郎岳、黒部五郎岳や箱根の強羅があります。

【ラク!】 らく!

落石を起こしたり、見つけたときに、下の登山者に注意を促すために発する警告です。落石の「落」から。偶然ですが、英語のrock!と発音が似ているため、外国人にも伝わるようです。

北アルプス・剱岳の悪場を登る。

【悪場】わるば

滑落の危険がある岩場や鎖場、不安定な石がゴロゴロしているガレ場など、通行が困難な箇所のことです。北アルプス・槍ヶ岳から北穂高岳までの大キレットや西穂高岳からジャンダルム、奥穂高岳の縦走では悪場が多く神経を使うところです。

【賽の河原】さいのかわら

広いゴーロ地帯をこう呼ぶことがあります。もとは死んだ子どもが親の供養のため石を積むという三途の川の河原の名です。霧が深いときの道迷いを防ぐために、古来、石を積んでケルンとしました。

【摩利支天】まりしてん

もともとはインドの女神で陽炎《かげろう》の化身の名前です。日本では古来武家の守り神とされてきました。南アルプス甲斐駒ヶ岳山頂の南東にある岩峰がこの名で呼ばれます。また、木曾御嶽山や北アルプス・乗鞍岳の一峰にもその名があります。

甲斐駒ヶ岳の摩利支天。

【室堂】むろどう

立山と白山にある地名です。霊峰（P.225）に登る登山者の宿泊施設が室堂で、その建物があったことから、この名があります。立山の室堂平には江戸時代の室堂が残っていて、国の重要文化財に指定されています。

立山・雄山7合目から室堂平を見下ろす。

富士山頂・剣ヶ峰の碑。

【剣ヶ峰】けんがみね
火山の噴火口の周りや山頂をいうようです。富士山頂、乗鞍岳山頂、木曾御嶽山頂は剣ヶ峰ですが、白山の剣ヶ峰は山頂ではありません。

【ジャンクション・ピーク】
junction peak 英
複数の尾根または稜線が合流する山頂以外のピークです。

【独立峰】どくりつほう
周りに同じように高い山がなく、ひとつだけ聳え立つ山のことです。日本一の独立峰といえば富士山ですね。

東西が非対称山稜になっている白馬三山の稜線。

【非対称山稜《ひたいしょうさんりょう》】

稜線をはさんで片側の斜面がなだらかで反対側が急傾斜になっているところです。大昔の造山運動や大雪による侵食の影響で生じます。北アルプス・白馬岳や上越の谷川岳などで顕著です。

【風衝地《ふうしょうち》】

山頂や稜線上で特に風が強く吹き付ける地帯のことです。北アルプスなどでは、冬でもこういう場所には、雪は吹き飛ばされてあまり積もりません。

【風食ノッチ《ふうしょくのっち》】

風衝地のため、植物の根が露出しているところにできる小さな崖をいいます。中央アルプス・木曾駒ヶ岳付近や北アルプス・白馬岳北側の稜線に見られます。

蝶ヶ岳の二重山稜。

【二重山稜】にじゅうさんりょう

稜線が二つに分かれて二重になった地形です。間が窪んでおり、「舟窪」とも呼ばれます。断層を境にして山がずれたため生じたものと考えられています。北アルプス・蝶ヶ岳や雪倉岳、野口五郎岳、南アルプス・白峰三山などが有名です。

【舟窪】ふなくぼ

「二重山稜」と同義です。

【分水嶺】ぶんすいれい

降った雨が二つ以上の異なる方向に流れ、水系を分ける境界となっている山稜のことです。日本海と太平洋に水系を分ける、日本列島に長く連なる分水嶺を中央分水嶺と呼びます。

谷川岳は中央分水嶺に属する。

【パノラマ】panorama 英

全景、大観。山頂に立ったとき、「360度のパノラマが広がる」などと使います。山では雄大な風景が目前にパァーと広がり、いつもパノラマを実感することができますね。

八ヶ岳・赤岳からの大パノラマ。黎明の富士山、南アルプス、手前に権現岳。

【360度】

さんびゃくろくじゅうど

たどり着いた山頂で、視界をさえぎるものがないとき、見渡す限りの眺望が開けます。エベレストの山頂はまさに360度の眺めで、ネパール側、中国側がぐるりと見渡せました。モンゴルの山の頂では中国、キルギス、カザフスタン3カ国が見渡せ、感激しました。

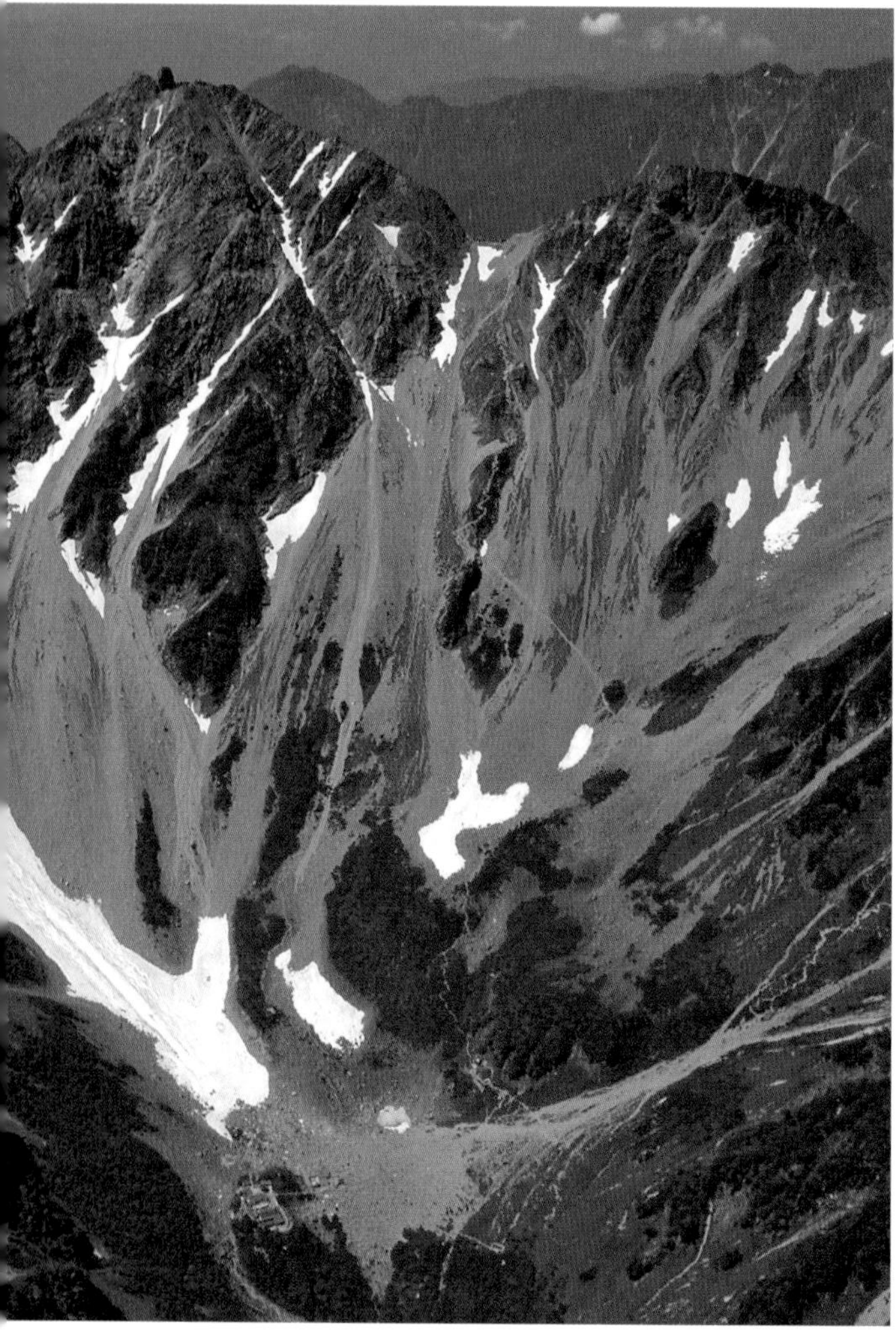

【カール】Kar 独

日本語で圏谷《けんこく》（丸い谷）。大昔に氷河が削った跡で稜線直下の山腹がお椀状にえぐれているところです。代表的なものに北アルプス薬師岳のカール、黒部五郎岳のカール、涸沢カール、中央アルプス千畳敷カール、南アルプス仙丈ヶ岳のカール、日高山脈幌尻岳のカールがあります。

穂高連峰がとり囲む涸沢カール空撮。

【U字谷】 ゆーじこく　ゆーじだに

氷河が流れ落ちた後にできた大規模なU字形の谷で、北アルプスの槍沢などがこれです。

槍沢の深いU字谷。登山道は谷に沿ってつけられている。

涸沢カール底のモレーン上に建つ涸沢ヒュッテ。

【モレーン】 moraine 仏

氷河に運ばれた土砂や石が堆積したもの。また、そうしてできた丘のことです。氷河が消えた後、その末端部や側面に残ります。北アルプス・槍沢や涸沢カールなどに見られます。エベレストやほとんどのヒマラヤの山のベース・キャンプはたいていこのモレーンの上にテントを張ります。

【羊背岩】 ようはいがん

氷河の侵食作用で削られた岩が丸みを帯びた形で残ったものです。北アルプス・黒部五郎岳や白馬岳、日高山脈・幌尻岳のカールなどで見られます。

白馬岳山腹に残る羊背岩。

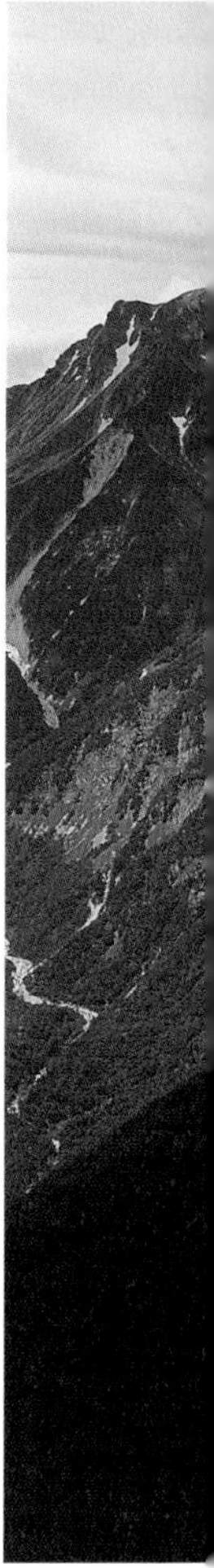

【氷河】ひょうが

高山の万年雪が重みで圧縮されて分厚い氷になり、時間をかけて流れ落ちていくものです。ゆっくりとですが動いているのが氷河であり、これが雪渓との最大の違いです。日本には氷河は残っていないとされてきましたが、先ごろ、北アルプス・立山の御前沢雪渓と剱岳の三ノ窓雪渓、小窓雪渓が極東最南にある※氷河と認定されました。

日本雪氷学界が氷河と認定した剱岳三ノ窓雪渓。

※現在は、立山の内蔵助雪渓、剱岳の池ノ谷雪渓、鹿島槍ヶ岳のカクネ里雪渓、唐松岳の唐松沢雪渓も氷河と認定されている。

【残雪】ざんせつ

春以降になっても消えないで残っている雪です。残雪のおかげで夏よりむしろ楽に登れる山もあれば、夏道が埋もれてわからなくなるところもあるので、残雪期の山へは経験者と行きましょう。

【雪田】せつでん

谷以外の場所に残っている雪のことです。雪原は雪田より規模が大きいものです。

【万年雪】まんねんゆき

一年中消えずに残っている雪のことで、日本では雪渓や雪田として豪雪地帯の山に見られます。

【雪渓】せっけい

春や夏でも谷に残っている雪です。一年中解けきらずに年を越すものもあります。暑い夏の日に雪渓の上を歩くと涼しくていいものですが、中が解けて空洞になっているものもありますから、注意が必要です。また、落石は雪渓上を音もなく滑ってくるので、谷側ではなく山側を向いて休憩します。北アルプスにある白馬大雪渓、劔沢雪渓、針ノ木雪渓を合わせて日本三大雪渓と呼びます。

日本三大雪渓のひとつ、白馬大雪渓。

無数に見られるスプーン・カット。

【スプーン・カット】

spoon cut 英

雪渓の雪の表面にできるスプーンでえぐったような窪みのことです。窪みと窪みの間は盛り上がっていて、雪面には凹凸があります。凹面は滑りやすいので、凸面を歩くのがよいとされています。

【シュルンド】 Schrunde 独

ドイツ語でクレバスのことです。日本では雪渓と岩壁の間にできる隙間の意味で使われていますが、正しくは「ラントクルフト Landkluft」といいます。深いものだと下が真っ暗でどのくらい深いのかわからないものもあります。エベレストに行ったときはジュラルミンの梯子や丸太などを使って渡りました。

【ラントクルフト】

Landkluft 独

日本で「シュルンド」と呼ばれている場所は本当は「ラントクルフト」といいます。雪渓と岩壁の境目の隙間のこと。Land は「陸」、「土地」、Kluft は「亀裂」、「裂け目」の意味です。

【スノー・ブリッジ】

snow bridge 英

谷や沢の残雪が両岸の岩壁にはさまれてアーチ状の橋のよう

になったものです。中央がもっとも薄く、また岩壁に近い部分も薄いので、上を歩くときは岩壁からやや離れたところを通ります。薄い部分はいつ崩れるかわからないので危険です。

スノー・ブリッジの上を歩く。

【クレバス】crevasse 仏英

本来は氷河の裂け目のことですが、日本では雪渓の割れ目のこともこう呼びます。エベレストのベース・キャンプから第2キャンプに行く間は、このクレバスが無数にありました。自分の足で跳んで越せるものもありますが、広がっているところは、目の前の雪面へ行くにもクレバスを避け遠回りしなければならず、時間がかかりました。

【ヒドゥン・クレバス】hidden crevasse 英

氷河上で新雪に隠れて見えなくなっているクレバスです。また、日本では雪渓の内部が解けて空洞になっている場所をこう呼ぶことがあります。ヒマラヤではこのヒドゥン・クレバスが怖いです。一見雪面に見えてもズボッと体ごと入ることがあるので、こういうところもザイル(P.199)をつけて歩きます。

雪渓上に大きく口を開けたクレバス。

【湿原】しつげん

低温多湿な地帯にできた草原で、枯れた植物が腐らずに泥炭層となって積み重なっているところです。代表的なのは尾瀬でしょう。湿原独特の花もあるので釧路湿原なども花の時期は込み合います。湿原には大体木道が整備されているので、踏み外さないようにしましょう。

【田代】たしろ

会津や上州では山の中の池塘や湿原をこう呼びます。東北地方で一番高い尾瀬の燧ヶ岳の南麓に中田代、上田代という地名があります。

【岱】たい

北海道や東北など、山頂や中腹に広がる湿原や草原をこう呼ぶ地方があります。

【池塘】ちとう

湿原に多数ある小さな池のことです。北アルプスや東北地方の八甲田山、秋田駒ヶ岳、西吾妻山、会津駒ヶ岳、上越の苗場山などにあります。

ニッコウキスゲ咲く夏の霧ヶ峰八島ヶ原湿原。

信越県境・苗場山の池塘群。

【餓鬼の田圃】がきのたんぼ

山上にある小池塘群のことです。立山弥陀ヶ原のものが有名で、名前の由来は餓鬼道に落ちた亡者が飢えをしのぐために田植えをしたところ、というものです。

【高山湖】こうざんこ

森林限界を超えた高度にある池や湖です。火山活動や氷河の残した地形がもとでできたものが多く、流れ込む河川がないため、規模はそれほど大きくありません。たいてい神秘的なまでに澄んだ水をたたえています。日本最高所にある高山湖は木曾御嶽山の二ノ池（標高2,908メートル）です。

日本最高所の高山湖・御嶽山二ノ池。

【肩】かた

山頂直下にある平らな場所をこう呼びます。「槍の肩」、「谷川岳肩の小屋」など。

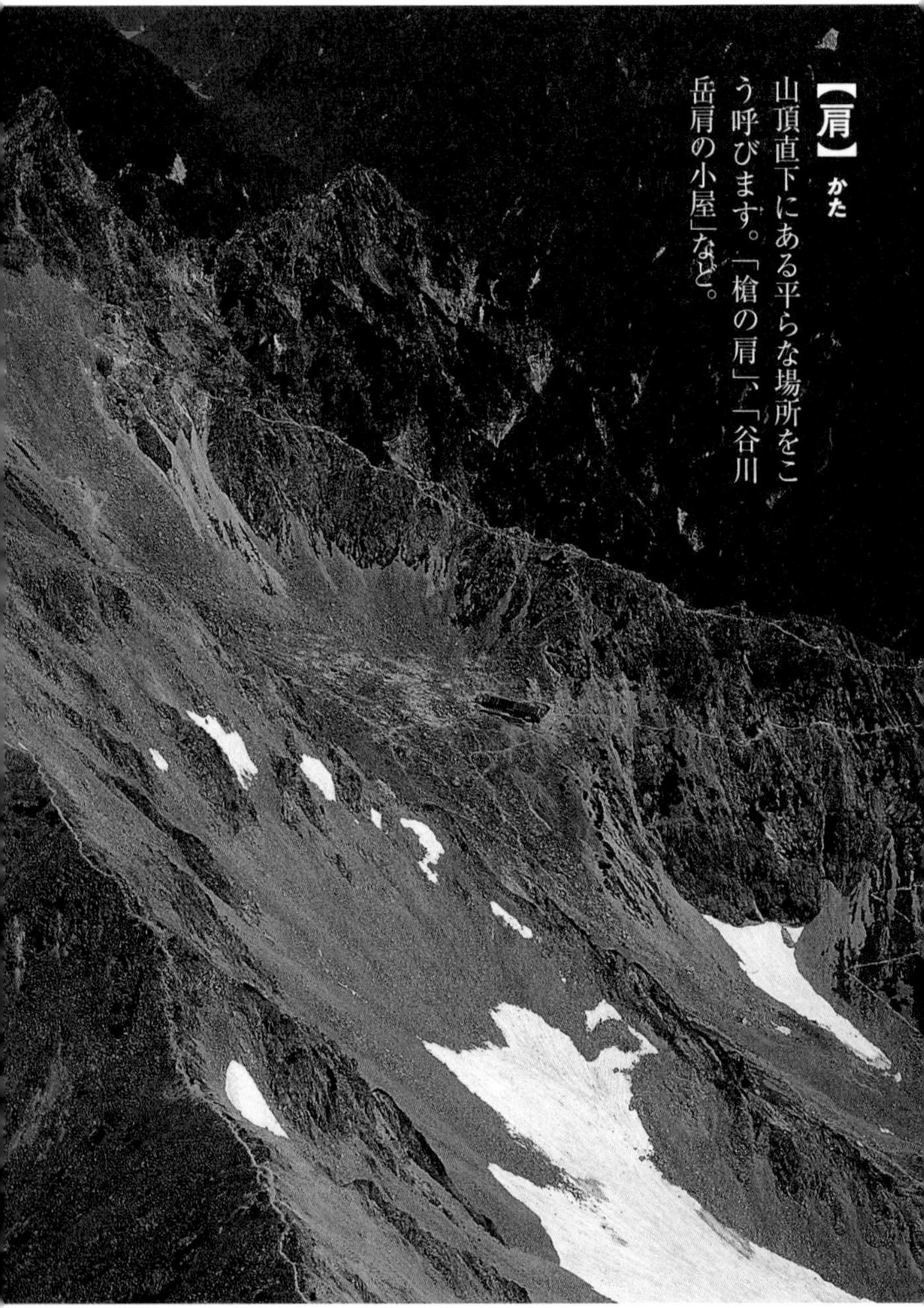

「槍の肩」空撮。槍ヶ岳山荘と飛騨乗越が見える。下方には殺生ヒュッテ。

常念小屋が建つ常念乗越と常念岳。

【乗越】 のっこし

稜線上の低くなった部分で、稜線を乗り越すところという意味です。道が通じていない場所もあります。日本最高所にあるのが飛騨乗越で、北アルプス槍ヶ岳と大喰《おおばみ》岳の間です。

【峠】 とうげ

稜線上で登りと下りを分ける境目の場所です。峠には必ず道が通じています。「峠」は国字です。峠には場所によっては茶屋がありますが、そこで一休み、お団子とお茶なんて最高ですね。

【鞍部】 あんぶ

稜線上で鞍《くら》のようにくぼんで低くなったところです。「コル col」ともいいます。

【コル】 col 仏

山の鞍部のことです。col はもともと「襟」を意味します。

【頭】 あたま　かしら

沢の源流の峰や尾根上に突き出た小ピークのことです。「かしら」という場合もあります。前穂高岳の屛風岩の頭というのが有名ですね。私も屛風岩を登っていて一日で抜けられず、頭で一晩ビバークしたことがあります。

【谷】 たん

越中富山では谷のことを「たん」といいます。『劔岳　点の記』の舞台である長次郎谷は「ちょうじろうたん」と読み、隣の平蔵谷は「へいぞうたん」と読みます。『劔ダンチョネ節』という歌の中に※「劔見るなら赤《あか》谷《たん》尾根でよ　大窓小窓にね　三ノ窓ヨカネ」という歌詞があり、よく歌いました。

【倉】 くら

「岩」を表す古語といいます。崖とか屛風のような岩壁とか、地方によって意味に若干の違いはありますが、どれも大岩壁の意味で使われていて、谷川岳一ノ倉沢の倉もここからついた名前のようです。谷川岳には俎嵓《まないたぐら》などの名称もあります。

【ノゾキ】 のぞき

山岳信仰の修行に「覗きの行」というものがあり、断崖絶壁から半身を乗り出して谷底を覗く行為です。これが行われるような断崖上につけられた呼び名がノゾキ。谷川岳と一ノ倉岳を結ぶ稜線から、凄絶無双の岩壁・一ノ倉沢を覗ける場所にもこの名がついています。

【牛首】 うしくび

山の形が牛の首に似ているこ

※飯田忠純作詞。

剱岳稜線深く切れ込む八ツ峰五・六のコル(左)と三ノ窓(右)。

とからつけられた呼び名と思われ、全国にこの名を持つ山が複数あります。また、尾根上の一地点をこう呼ぶところもあります。

【窓】まど

信州でいうところのキレットを、越中富山ではこう呼びます。北アルプス剱岳稜線上の大ギャップは「大窓」、「小窓」、「三ノ窓」と呼ばれており、富山平野からもはっきりと確認できます。ギャップになって切れ落ちているところを、「窓」という言葉で表現するなんて素敵ですね。『剱ダンチョネ節』という歌にも歌われています。

前穂高岳中腹に建つ岳沢小屋。

【山小屋】やまごや

ふつう、登山者を有料で宿泊させる有人の営業小屋のことです。素泊まり、寝具なし、雑魚寝《ざこね》のものから、一泊二食付き、寝具付き、別料金で個室有りのものまでさまざまです。中には温泉や風呂がある山小屋もあります。日本で最大の山小屋は北アルプスの白馬山荘で定員は８００人。これはもう「小屋」ではありませんね。

【ヒュッテ】Hütte 独

登山者が泊まったり休憩したりするための山小屋のことです。営業小屋でこの名前をつけているところが結構あります。山荘ともいいます。

【天水】てんすい

天から降る水、すなわち雨水のことです。水場のない稜線の山小屋では飲み水から生活用水にいたるまで、天水に頼っているところが少なくありません。山では水は本当に貴重です。歯をみがいている間も蛇口から流しっぱなしにするのは止めましょう。

【避難小屋】ひなんごや

悪天候やアクシデントに見舞われた登山者のための緊急避難用施設で、食糧や燃料、寝具はありませんが、ここに入れば雨風や雪をしのげます。基本的には無人で、中には緊急時でなくとも宿泊、休憩ができるものもあります。活火山の浅間山などには、火山噴火が起こったときのために、中が空洞のかまぼこ型のシェルターがあって、なるほどと思いました。

信州・戸隠連峰の一不動避難小屋。

【冬季小屋《とうきごや》】

冬季に閉じている営業小屋が、冬山登山者のために小屋の一部を開放しているものが多いです。ほとんどの場合、寝具はありませんが、風雪をしのげるありがたい施設です。

【石室《いしむろ》】

石を積んだ壁で囲った簡単な山小屋です。木が生えていない稜線上で、付近にある石を利用して作られました。八ヶ岳の赤岳石室や硫黄岳石室は、現在は名前も変わり立派な山小屋になっていますが、もとはこうして作られたものだったのでしょう。冬の硫黄岳では吹雪で下山路が見つけられず、かつての石室で一晩過ごしたことがあります。石室に助けられた思いです。

【岩小屋《いわごや》】

石室が人工物なのに対し、こちらは天然の岩窟や、大岩の隙間で人が横になれる空間がある場所をいいます。私も若い頃、前穂高岳屏風岩に登る際、横尾の岩小屋に何度も泊まったものです。今は使われなくなっています。

甲斐駒ヶ岳と鋸岳間にある6合目岩室小屋。

【幕営《ばくえい》】 キャンプ camp 英

テントで野営すること。中国のシシャパンマに行ったときに、ベース・キャンプのことを「大本営」ということを知りました。「営む」という字は、生活を意味するのですね。また、キャンプには極地法登山での前進基地の意味もあります。エベレストでは、私たちは第6キャンプまで設営しました。

剱立山連峰を望む冷池山荘のテント場で幕営。

単語を見つける山行ガイド④

カールを見に、穂高連峰・涸沢に登る

1泊

上高地〜明神（1時間）〜徳沢（1時間）〜横尾（1時間10分）〜涸沢（3時間）（泊）涸沢〜横尾（2時間）〜上高地（3時間）

体力度　★★☆

上高地バスターミナルから横尾までは多少のアップダウンはあるが、梓川左岸の平らな道を歩く。明神で明神岳、徳沢付近で前穂高岳東壁と北尾根が左側に見られる。梓川にかかる横尾大橋を渡って樹林の中をしばらく行くと登山道っぽくなってくる。左に屛風岩の威容を眺めながら歩いて行く。やがて北穂高岳、大キレット、南岳が見えてくると、本谷橋にたどり着く。ここからさらに急になる登山道を登って行くと、遠くに前穂高岳北尾根と吊尾根、奥穂高岳が見えてくる。涸沢ヒュッテの吹き流しも見えてくるが、あせらずゆっくり登ろう。やがて涸沢小屋と涸沢ヒュッテの分岐に出合う。今日の宿をとったほうへとさらに登ると、目的地に到着だ。初めて見る涸沢カールを囲む穂高連峰の眺めに疲れも吹っ飛ぶだろう。山小屋に1泊したら、翌日同じ道を上高地へと戻る。横尾や徳沢、明神か梓川右岸の明神池畔の山小屋で休憩を兼ねて食事をするのもいい。

夏でも雪が残る涸沢カール。

涸沢には涸沢ヒュッテと涸沢小屋がある。ハイ・シーズンにはカラフルなテントが立ち並ぶテント村ができるのも涸沢の風物詩だ。体力と岩場に自信があるなら、もう1泊追加して、奥穂高岳か北穂高岳に登ってみよう。

単語を見つける山行ガイド❺

霧ヶ峰・八島ヶ原湿原で、高層湿原を楽しむ

日帰り

体力度 ★☆☆

八島湿原駐車場〜湿原一周(90分)〜八島湿原駐車場

夏から秋には茅野駅、上諏訪駅から八島湿原駐車場まで、バスの便がある。駐車場からは徒歩1分で湿原の入り口広場だ。湿原の周囲には木道がつけられ、遊歩道があり、1時間半くらいで1周できる。点在する八島ヶ池、鬼ヶ泉水、鎌ヶ池の風情に心癒やされるだろう。初夏から夏にかけてレンゲツツジ、ワタスゲ、ニッコウキスゲ、カキツバタ、ハクサンフウロほか多数の草花が目を楽しませてくれる。

5月から6月、日本の音風景100選に選ばれたシュレーゲルアオガエルの美しい蛙鳴《あめい》が聞ける。美しい蛙鳴といえばカジカガエルが有名だが、前者の声もぜひ一度は聞いてみてほしい。湿原に目を凝らせば小さなモウセンゴケの姿も見つけられるかもしれない。

鮮やかなピンク色が目を引くアカバナシモツケソウ。

夏の八島ヶ池のまわりで見かけたノリウツギ。湿原には季節によってさまざまな高山植物の花が咲き、ハイカーの目を楽しませてくれる。

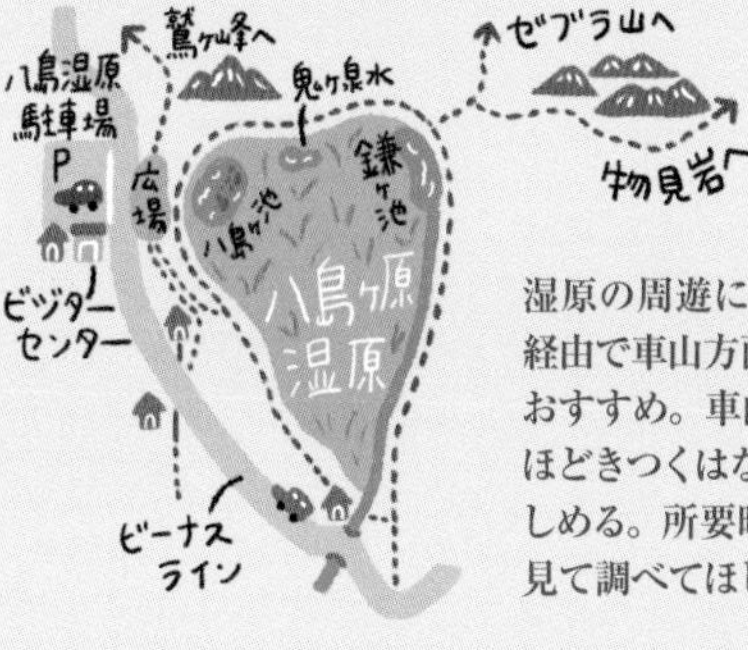

湿原の周遊に飽き足らない人は物見岩経由で車山方面に足を延ばしてみるのもおすすめ。車山乗越までなら、登りもさほどきつくはなく、爽快な高原歩きが楽しめる。所要時間はネットや登山地図を見て調べてほしい。

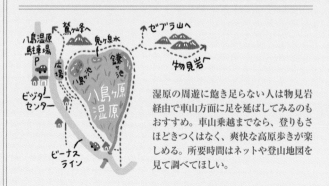

紅葉と清流。上高地にて。

秋の彩り

【紅葉 黄葉】 こうよう

平地の紅葉も見事ですが、一度は山の紅葉に出合ってみてください。中でも東北地方の山がすばらしいです。八甲田山に八幡平、秋田駒ヶ岳、西吾妻山、安達太良山に浅草岳とたどった数年前の秋が忘れられません。ほかに栗駒山、蔵王山、磐梯山もすばらしい。それから北アルプス・穂高連峰の涸沢カール、ここの紅葉も必見です。

涸沢カール錦秋。

八方尾根、ダケカンバの黄葉。

【草紅葉《くさもみじ》】

草や高山植物の葉が紅葉したものです。高山の秋はこれに彩られます。

【錦秋《きんしゅう》】

紅葉がまるで錦の織物を思わせる秋の絶景のことです。日本の秋山ではいたるところでめぐり合えます。

【三段染め《さんだんぞめ》】

晩秋、山の頂上付近に新雪が積もり、中腹の紅葉（黄葉）、麓の木々と合わせて上から白、赤（黄）、緑の三色に山が染まることです。秋の八甲田で二度、私は見ることができました。上は雪で木には霧氷がつき冬の様相。下るにつれて紅葉が現れ、池塘の側は草紅葉、そして常緑樹の山麓へと歩いたことがあります。

147　上高地、穂高連峰の三段染め。

【落ち葉】おちば

晩秋の落葉樹林は落ち葉の絨毯を踏みしめながらの歩行となります。

赤い落ち葉(上)。黄色い落ち葉(下)。

【木の実】きのみ　このみ

秋になるとミズナラやシイ、ブナなどが実を落とし、山の動物たちのご馳走になります。

落ち葉とドングリ。

【茸】きのこ

山の恵みのひとつです。秋の山で木陰や朽木などに生え、自分で摘んで食べる茸の味は格別。ただし、毒茸も多くあるので、専門知識のある人に選別してもらうのが無難です。

ナラタケ。

雪山讃歌

初霜は冬の訪れのしるし。

【霜】しも

空気中の水蒸気が氷点下の地面や物に触れ、氷の結晶に昇華したものです。晴れて風のない夜間に降りるのが普通です。

【初雪】はつゆき

高い山では、その年の最高気温を観測した日より後、最初に降るのが初雪です。富士山ではなんと8月に初雪が降ったこともあります。よくニュースになる富士山の初冠雪は、甲府気象台の観測員が目視して初めて記録されるもので、例年9月下旬です。

【根雪】ねゆき

積もったり解けたりをくりかえしていた雪の上にさらに雪が降り積もって、下のほうが解けなくなった状態です。春の雪解けまで残ります。

【雪目】ゆきめ

「雪盲《せつもう》」ともいいます。雪は日光を強く反射します。雪山でサングラスやゴーグルをしないで長時間行動すると、紫外線によって角膜や結膜が炎症を起こし、目が痛む、涙が止まらないなどの症状が出て辛い思いをすることになります。

【ベタ雪】べたゆき

粉雪とちがって水気を多く含んだ雪のことです。上越の雪は湿気が多いといわれていますが、重いので歩くのにも苦労します。

【冬山】ふゆやま

冬の山のこと、また冬の山に登ることです。時期は12月から3月くらい。冬山というとすぐ遭難と連想する人が多いのですが麓のブナの森など歩くのは楽しいです。美しい雪山を見ながら、夏は藪で歩けないところを歩けるというのも魅力です。

【厳冬期】げんとうき

12月から2月までくらいの、寒さがもっとも厳しい時期です。この時期の雪山登山には経験と技術が必要になります。

雪と氷で武装した厳冬期の剱岳。

【エビのしっぽ】えびのしっぽ

岩に張りついたエビのしっぽ。八ヶ岳にて。

冬の高山で見られる霧氷（P.157）の一種です。0度以下の過冷却の霧粒が岩や木、人工物などに風で吹きつけられて凍りつき、風上側に伸びて発達します。真っ白でエビの尾のような形をしているのでこの名があります。葉が落ちた枝や指導標にびっしりとエビのしっぽがついているととてもきれいで、思わず写真をとりたくなりますね。

【トレース】trace 英

雪山で雪面についた先行者の足跡です。これがない新雪では、自分でトレースをつけることになります。また、バリエーション・ルートの踏み跡のこともトレースといいます。

【足跡】あしあと

山では雪の上で動物の足跡を見かけることが多くあります。どの動物のものかわかるようになると山の楽しみがひとつ増えます。

カモシカの足跡。

【雪煙】せつえん　ゆきけむり

山頂や稜線に強風が吹いているときに、雪が吹き上げられてまるで煙のように舞っている様子です。また、雪崩でも雪が飛び散って雪煙になることがあります。冬、東海道新幹線に乗っているとき富士山に雪煙が上がっているのを見かけます。下ではあまり感じなくとも、上は風が強いのだとわかりますね。

舞い上がる雪煙。

【クラスト】crust 英

昼間解けた積雪の表面が夜間に凍って硬くなったものです。こういう場所を歩くにはアイゼン(P.193)が必要となります。crust はもともと「パンの皮」という意味です。

【雪庇】せっぴ

穂高岳吊尾根に発達した雪庇。

稜線の風下側に雪が吹き溜まって、庇《ひさし》のように張り出した状態です。風上側が緩傾斜で風下側が急傾斜の非対称山稜では、大きく発達します。稜線を歩いていて雪庇を踏み抜くと、そのまま滑落してしまうので、十分な注意が必要です。吹雪いていると、稜線の端がどこかわからなくなるときがあるので、アンザイレン(ザイルに繋がって歩くこと)して歩くこともあります。

【雪崩】なだれ

斜面に積もった大量の雪が一気に滑り落ちる現象で、雪山でもっとも恐ろしいものです。私は長い登山経験の中でもうだめか、と思ったことが3度あり、そのすべてが雪崩でした。エベレストのキャンプ地で雪崩に埋まり、天山山脈の登山では600メートルも流されても無事でしたが、そのあと爆風にテントごと吹っ飛ばされました。でも私は助かったのです。以来、私はこうして生きていることに感謝しながら毎日を送っています。

【デブリ】 débris 仏

「破片」や「かけら」という意味のフランス語ですが、雪崩の行き着いた場所にとどまっている雪の塊を指します。大きさは雪崩の規模や種類によっていろいろですが、家一軒くらいの巨大なものも発生することがあります。

雪崩のあと（デブリ）。

【シュカブラ】 skavla ノ

強風によって雪面にできる波のような紋様で、「風紋」ともいいます。

【吹き溜まり】 ふきだまり

風に運ばれた雪が溜まって、他よりも深く積もっているところです。

【ダイヤモンド・ダスト】

diamond dust 英

雪山や極寒の地で見られる、空気中をただよう氷の結晶が太陽の光を反射してキラキラと輝く現象です。「細氷」ともいいます。エベレストの第3キャンプや南極で見たダイヤモンド・ダストは本当にキラキラ光っていて美しかったですね。

【ベルグラ】

verglas 仏

フランス語でもとの意味はガラスに似た氷のことで、薄い氷の層が岩の表面に張りついたものです。冬の岩壁登攀《とうはん》の難敵のひとつ。谷川岳一ノ倉沢の凹状岩壁を厳冬期に登ったときは、このベルグラが一面に岩に張りついていて苦労しました。

八方尾根よりシュカブラ越しに白馬三山を望む。

ブリザード吹き荒れる稜線。

【ブリザード】 blizzard 英

もとは北米大陸で使われる言葉で暴風雪、猛吹雪の意ですが、日本では地吹雪の意味で使われます。マッキンリーや南極の山ではこのブリザードで何日もテントの中で停滞したことがありました。こういう日はトイレに出るのも大変ですが、必ず止むときがくる、と信じて待つことが大事ですね。

【吹雪】 ふぶき

「やや強い風」程度以上の風が雪を伴って吹く状態。降雪がある場合と、降雪はないが積もった雪が風に舞上げられる場合（地ふぶき）とがある——気象庁の用語説明ではこうなっています。

【ホワイトアウト】 whiteout 英

雪山で激しい雪や濃い霧に遭うと、空気と雪面との境目がわからないほど視界が真っ白になることがあります。これがホワイトアウトです。道迷いや雪庇《せっぴ》を踏み抜くなどの事故の原因となるので、行動を慎むなどの注意が必要です。

あわやホワイトアウト。

【霧氷《むひょう》】

氷点下の気温で、霧や水蒸気が木や人工物に付着して凍ったものです。ブナの小枝という小枝にこの霧氷がついた森は、満開の花の下を歩いているようで本当に美しいです。樹氷も霧氷の一種です。

美しい霧氷。美ヶ原にて。

【樹氷《じゅひょう》】

過冷却の水蒸気や水滴が樹木に吹きつけられて凍ってできます。発達して樹木全体を覆ったものは「スノーモンスター」と呼ばれます。八甲田山や蔵王山、志賀高原のものが有名です。アオモリトドマツ（オオシラビソ）などの樹が多い蔵王は樹氷のメッカです。冬晴れの青空にこの樹氷が聳えている中を歩くと、まるでおとぎの国へ来たようです。樹氷を縫ってスキーで滑り降りるのは冬の最高の遊びですね。

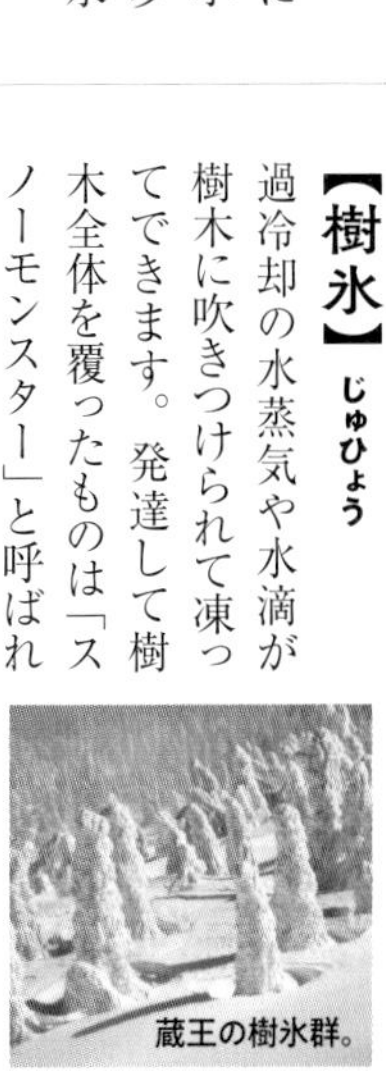

蔵王の樹氷群。

【雨氷《うひょう》】

氷点下の雨滴が木の枝などにぶつかって凍りついた透明な氷の層です。

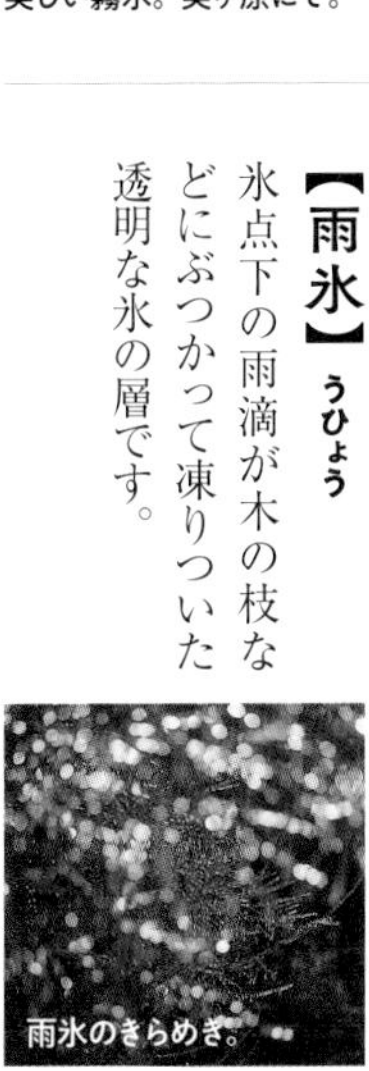

雨氷のきらめき。

ヒマラヤ襞。黒部峡谷ガンドウ尾根にて。

【氷壁】 **ひょうへき**

厳冬期の凍りついた岩壁のこと。また、氷河の末端や割れ目で見られる氷の壁です。井上靖さんの山岳小説のタイトルになっています。

【氷瀑】 **ひょうばく**

滝が凍りついて固まったものです。アイス・クライミングの対象になります。中国四川省にある九寨溝《きゅうさいこう》という自然遺産に行ったとき、滝のしぶきまで凍っていて見事でした。同じ滝でも夏見るときとはまったく別のようになってしまいます。

信州・南牧村湯川の見事な氷瀑。

【ヒマラヤ襞】 **ひまらやひだ**

ヒマラヤの高峰に見られる、急峻な岩壁についた雪に縦縞模様がたくさん走っているものです。日本でも北アルプスの3,000メートル級の山にできることがあります。高校生の頃にはいたジャンパー・スカートは「襞」がたくさんありました。ヒマラヤで初めてこれを見たとき、なるほどと思いました。

白馬岳の代掻き馬。

五竜岳武田菱の雪形。大きな4つの菱形が見える。

【雪形】ゆきがた

春になると山の雪が解けて、山腹に残雪と山肌が作る模様が現れます。これが麓からは人や動物などいろいろな形に見え、「雪形」と呼ばれます。全国では300ほどの雪形が見られるそうです。雪形は山名の由来となったり、農作業を始める時期の目安となってきました。北アルプスの後立山連峰東面には多くの雪形が見られます。白馬岳の代掻き馬、五竜岳の武田菱、鹿島槍ヶ岳の鶴と獅子、爺ヶ岳の種まき爺さんなどが代表的なものです。

【雪が腐る】ゆきがくさる

春先、気温が高くなると雪が解けて軟らかくなり、シャーベット状になることです。

【雪代】ゆきしろ

春、川に流れ込む山の雪解け水のことです。「雪代水」とも。

八方尾根の麓、雪解け。

残雪の間から顔を出すフキノトウは春の使者。

【フキノトウ】 ふきのとう

早春に地中から顔を出すフキの若い花茎です。残雪の白にフキノトウの淡い緑が彩りを添えます。摘んだものを煮たり、炒めたり、天麩羅にしてその苦味と香りを楽しめます。フキノトウをゆがいてしぼり、四つくらいに切って（こま切れにしない）、鍋に味噌、酒、鰹節、トンガラシを煮立たせた中に入れてフキノトウ味噌を作っておくと、お椀に入れてお湯を注ぐだけで味噌汁になり、山ではとても便利です。私は油も使わず砂糖も入れません。小さめのおにぎりの中にこのフキノトウ味噌を入れて握り、海苔は巻かずに弁当箱に小分けして入れて行くと便利です。テルモス（P.189）にお湯を入れて持って行けばお椀に小さなおにぎりを入れてお湯を注ぐだけで香り高いフキノトウ茶漬けが出来上がります。

【雪解け水】 ゆきどけみず

春になると、山の雪が解けてできた水が川などに流れ込んだものです。「※雪解け水が冷たくて苦労したことあったっけ」という歌がありましたね。

冷たい雪解け水を集めて流れる姫川上流域。

※「山の友よ」戸田豊鉄作詞。

本流と支流が出合う黒部峡谷十字峡。

【渓谷】けいこく

山あいの川や沢のことです。単に谷間や谷ともいいます。日本の渓谷は周りに多種多様な木があったり岩に囲まれたりしています。清流が流れていて秋の紅葉のときなどは本当に美しいものです。

モミジと渓流。軽井沢にて。

【渓流】けいりゅう

谷川の流れのことです。青森県の奥入瀬渓流は有名ですね。

【出合】であい

2本以上の沢や川が合流する場所です。

【釜】かま

沢で滝のない場所を水流が深くえぐった部分で、お釜のように丸いものをいいます。火山の噴火口をいう場合もあります。

【瀞】とろ

沢で、深いけれども流れがゆるやかな部分をいいます。

【滑】なめ

「滑滝」ともいいます。傾斜がゆるめの岩床の上を沢の水が流れているところです。沢登りで出合う滑の印象は優しく、心癒してくれます。奥秩父の西沢渓谷など岩の上を滑るように水が流れているところを夏に登るのは気持ちいいものです。沢登りの醍醐味ですね。

千曲川源流域の滑。

美しいが登攀も下降も難しい滝。

【滝】　たき

崖から流れ落ちる水流のことです。沢には必ず滝があるといい、山で道に迷ったら沢伝いに下るな、とされるのはそのためです。

奥秩父・笛吹川東沢釜ノ沢東俣の魚止ノ滝。

【魚止めの滝】うおどめのたき

沢の途中にあって魚がこれ以上は遡れないだろうと思われる規模の滝のことです。

黒部峡谷下ノ廊下。

【右岸《うがん》　左岸《さがん》】

沢や川を上流から見て右側が右岸、左側が左岸です。

【右俣《みぎまた》　左俣《ひだりまた》】

沢を下流から見て上流がY字状(二俣)に分かれているとき、右側が右俣、左側が左俣です。

【ゴルジュ】 gorge 仏

フランス語で「喉」を意味し、谷の両岸が狭まった場所のことです。訳語の通り「ノド」と言ったり、「廊下」と呼ぶ場合もあります。1970年、初めてネパール・ヒマラヤのアンナプルナⅢ峰へ行ったとき、ベース・キャンプに行く手前にゴルジュがあるというのを聞きました。英国隊も一緒でしたが、英国人も「ゴルジュ」と言っていました。

【廊下《ろうか》】

「ゴルジュ」と同じです。もっとも有名な「廊下」といえば、黒部峡谷上ノ廊下・下ノ廊下でしょう。

顕著なＶ字谷・黒部峡谷。

【Ｖ字谷】《ぶいじこく　ぶいじだに》

川の浸食によってＶ字状に深くえぐられた谷のことです。

【峡谷】《きょうこく》

両側を高く険しく切り立った岩壁にはさまれた幅の狭い谷のことです。日本でもっとも有名なのは黒部峡谷でしょう。

【源頭】《げんとう》

沢の始まる源流部分のことです。沢を遡っていくと最後は必ず源頭に突き当たります。山岳会に所属していたときは、黒部川の源頭や、千曲川の源頭を訪ねる山の計画をたくさん実施しました。源頭に着いたときは「ヤッター！」という感じです。チタッチタッと落ちる小さな水滴が、あの大きな川になるのだなーと思うと、その一滴がとても貴重なものに思えてきます。

黒部川の源頭部分。

岩の王国

【岩壁】がんぺき

読んで字のごとく岩の壁のことです。垂直以下のものから反り返ってオーバー・ハングとなっているものまであり、岩登りの対象になります。日本一有名な岩壁といえば谷川岳一ノ倉沢でしょう。その高さは800メートルに及びます。私も若い頃はここに通いつめ、多くのルートを登りました。

日本有数の大岩壁・谷川岳一ノ倉沢。

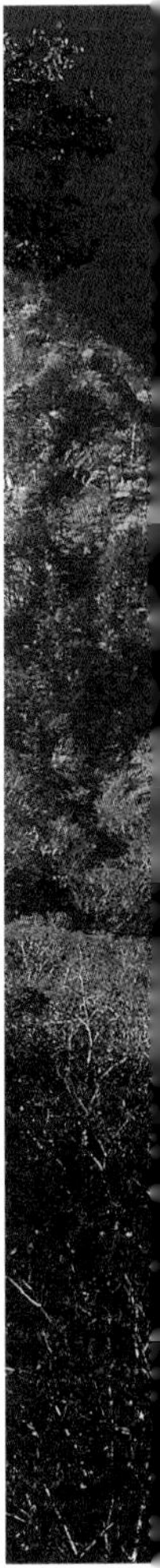

【岩稜】がんりょう

岩でできた険しく急な尾根のことです。日本アルプスの一般登山道はこういう場所につけられた箇所が多いので、ちょっとした岩登り気分が楽しめます。

悪場が続く大キレットの岩稜。

【オブジェ】objet 仏

現代美術の「作品」や「素材」を意味するフランス語です。山で使うときは自然の造形という意味になります。北アルプス・燕岳の稜線に見られるイルカ岩やゴリラ岩などを、「花崗岩のオブジェ」と呼んだりします。燕岳は岩に二つ穴があいてメガネのように見えるものもあり、雄大な展望とともに岩の造形を楽しむことができます。

花崗岩のオブジェ・イルカ岩。
燕岳にて。

【鋸歯状】きょしじょう

鋸の歯のようにギザギザした岩稜を形容するのに使います。北アルプス・前穂高岳北尾根や劔岳八ツ峰といったバリエーション・ルートがその代表格です。

鋸歯状の前穂高岳北尾根。

【ゲレンデ】Gelände 独

本来は「自然のままの土地」を指す言葉。岩登りの練習を行う岩壁をゲレンデといいます。関東では山梨県の三ツ峠山の屛風岩が有名です。関西では三重県の御在所岳が代表的でしょう。ゲレンデというと易しいイメージを持つ人も多いのですが、なかなか手強いルートもあるので、難しいルートを登るときは十分トレーニングを積んでから行ってください。

【花崗岩】かこうがん

北アルプス・燕岳や蓮華岳、野口五郎岳、烏帽子岳、南アルプス・甲斐駒ヶ岳や鳳凰三山の山体を成す白い岩です。マグマが地下深くで固まった深成岩で、石英、黒雲母、長石から成り、硬いものは岩登りに適します。風化してぼろぼろになると稜線を白砂で彩ります。

大天井岳北稜下方に連なるピナクル群。

【チンネ】 Zinne 独

大岩壁を持つ尖った岩峰のことですが、イタリアのドロミテ・アルプスにある三つのチンネにならって、剱岳北方稜線三ノ窓の東にある岩峰が、こう名づけられました。若い頃、岩登りの仲間と何回も通った懐かしいところです。

【ピナクル】 pinnacle 英

教会などの屋根に立つ小尖塔の意ですが、山岳用語では岩壁、岩稜上の尖峰のことです。

北穂高岳滝谷ドームが聳える。

【ニードル】 needle 英

針のように尖った岩峰、つまり針峰のことです。剱岳にクレオパトラ・ニードルという針峰があります。

【ルンゼ】 Runse 独

岩壁が雪や氷、水に浸食されてできた岩溝です。フランス語の「クーロワール couloir」、英語の「ガリー gully」とほぼ同じ意味です。山を見てルートを説明するときなど目安になるのでよく使う言葉です。

丹沢・広沢寺弁天岩のスラブで訓練中。

【スラブ】slab 英

傾斜が30度から60度の間くらいの凹凸が少ない一枚岩のことをいいます。指を引っかけるホールドに乏しいため、バランスで登るクライミングが求められます。

【ドーム】dome 英

半球形の岩峰や山頂をこう呼ぶことがあります。北穂高岳滝谷ドームなど。

【チョックストーン】chockstone 英

岩壁の縦の割れ目にはまり込んでいる石のことです。chockは「くさび」の意。岩登りではこれをホールドとしたり、ここに支点をとったりします。

【ホールド】hold 英

岩を登るときの手がかり、足がかりのことです。手がかりは「foot hold」、足がかりは「hand hold」といいますが、日本では足がかりは「スタンス」と呼ぶことが多いです。一般の登山道でもちょっと段差のあるところを登るときは、上の岩や木の根っこなどをホールドにして登ります。「ホールドを確かめて登ってください」など、私もよく使う言葉です。

甲斐駒ヶ岳尾白川渓谷でチョックストーンを登る。

田部井さんと登った山 ②

カラパタール

市毛良枝（俳優）

カラパタールからの絶景。
ヌプツェの左奥にエベレストが見える。

誘われてエベレスト・ベースキャンプ（BC）に行くことになった。一度目は行けなかったが、懲りずに誘ってくれて実現したものだ。めざすは標高5、350mのエベレスト・ベースキャンプ。キリマンジャロには登っていても、毎日10時間歩き、1カ月近くお風呂もない生活。おまけに富士山より高い、4、000m強の場所に継続して滞在するのは、厳しいものがあった。

なのに淳子さんは歩きながら歌っていた。のちに歌手になると宣言して、10年で12回のコンサートを全国で開催し、常に満席状態という、歌手

と呼んでもいい美声。でもここは5、000m近い高所。うしろを歩く私は、われらを鼓舞するためなのか、はたまた肺活量の訓練なのかと、その強靱さに呆れつつ、思考をめぐらしていた。BCへあと2日というところで、高山病になる仲間が出て、撤退も覚悟した。予定変更を余儀なくされたが、彼女の対応はあざやかだった。戻る勇気を持つ、弱者に寄りそう、進むなら全員、常に平常心を保つ、など非常時の心得が並ぶ。まず病人を1、000m低い場所に移動させ、高山病の回復を待って、結局全員で無事に歩き通した。笑顔を絶やさず、常に平常心。あの歌声もそういうことだった。

行程の最後にエベレストを望む場所、カラパタール(5、500m)の頂上から、全員で見たエベレストの雄姿は、何よりも美しく、われらの心も晴れ晴れとしていた。

山の道具

ミレーのザック、容量45リットル。(田)

【アタック・ザック】あたっく・ざっく 和

縦長のザックでもともとは頂上アタックや登攀《とうはん》に使うものでしたが、現在はこの形があらゆるザックの形状の主流になっています。和製語。

【ザック】Sack 独

ドイツ語で「袋」を表します。登山用のいわゆるリュックサックのことです。日数や山行形態によって使い分けるため、容量も15リットルくらいから70～80リットル以上までさまざまです。最近のものは肩ベルトや腰ベルトがあって、背負ったとき昔のものほど肩に食い込まず、背中も蒸れません。今は女性用のものもたくさん出てきたのでうれしいですね。背丈や肩幅など女性は男性とは違うので買うときは必ず一度背負って自分の体型に合うかどうか確かめてください。

【サブ・ザック】さぶ・ざっく 和

英語とドイツ語をくっつけた和製語。テントや山小屋に余分な荷物をデポ(P.214)して、頂上を往復するときに使う容量の小さいデイ・パック程度のザックです。私は日常生活の中でもこのデイ・パックを使っています。両手が空きますし、牛乳など重いものを買い物したときでもラクに運べて便利です。

【登山靴】 **とざんぐつ**

山登り、山歩きでもっとも大切なアイテムといえます。山でも町でも足元はとても大事。特に長く歩く山では足が痛くなるとアウトです。山用具の中で一番お金をかけたいのは、私は靴ですね。底が硬くアイゼンが付けられる重登山靴は、雪山やハードな山行向き。底が軟らかい軽登山靴は、雪のない夏山やハイキング向きです。

無雪期用の登山靴。㊐

【ビブラム・ソール】 **Vibram sole**

現在売られているほとんどの登山靴のゴム底にはVibram の黄色いマークが入っています。これは登録商標で、このゴム底を開発したイタリア人の名前の一部からこう名づけられました。ビブラム・ソールの登山靴は、それまでの底に鋲《びょう》を打ちつけた登山靴にとって代わったのです。

夏用登山靴のゴム底。㊐

【レインウェア】 rainwear 英

雨具、合羽のことです。登山では上下セパレート・タイプのものでないと役に立ちません。素材はゴアテックスなどの防水透湿性のものが最適です。

【ゴアテックス】 GORE-TEX

雨具やパーカ、テントなどに使われる生地素材で、外側の水は内に通さず、体から発生する水蒸気は外に逃がす防水透湿素材の代名詞的存在ですが、これも登録商標です。

【キスリング】 Kissling Sack 独

1970年代くらいまで登山の主流だったザックです。スイスの馬具職人キスリング氏が製作したザックをもとに、1929年、登山具職人の2代目片桐盛之助が製造。帆布製の巾着の左右に大きなポケットがついていて、容量は大

セパレート・タイプのレインウェア上下。(田)

キスリング。
ラクダ色の帆布製。

きいですが、パッキングにはコッがいるものでした。狭い道を歩くときは、張り出しているポケットの部分が岩などにぶつかって危ないので、全員横向きで歩き、「カニ族」などと呼ばれたこともありました。

【キャラバンシューズ】 caravan shoes

株式会社キャラバンの商品名で、布製ゴム底の軽登山靴です。１９５６年、日本山岳会のマナスル登山隊が、ベース・キャンプまでのアプローチ（P.２１８）で使用し、人気が出ました。その後綿帆布製のアッパーをナイロン製に改良して登山入門者に大いに売れました。現在でも進化した素材と性能で同名の軽登山靴が何種類も発売されています。

【尻皮】 しりかわ

歩行中は腰にぶらさげていて、休憩のとき尻に敷いて座る、動物の毛皮でできた小さい敷物です。最近はあまり見かけなくなりました。

これを腰にぶらさげて歩く。

デサント製のニッカボッカ。(田)

【ニッカボッカ】knicker-bockers 英

かつて登山用ズボンの主流だった膝の下までの半ズボンです。主に毛織で、軽くすそ口を締め、ウールのストッキングと合わせて使います。長ズボンに比べて膝を動かしやすいという利点がありました。現在の長ズボンは伸縮性があるため、膝を曲げやすくなっています。私も社会人山岳会に入ったときはニッカボッカをはいていましたが、1980年代に入ってから長いズボンに替えました。

【アノラック】anorak 英

かつて雪山登山で使われたフード付きの防寒用上着でしたが、現在は素材や性能が進化して「パーカ」と呼ばれるようになりました。アノラックはかぶりで胸のところに大きなポケットのあるものでエベレスト登山のときもこの型のものを使っていました。

【シャツ】shirt 英

夏であれば、吸汗速乾性にすぐれた化学繊維製の半袖Tシャツの上に長袖のシャツを着ます。汗をかいても体が冷えない化学繊維かウール素材のものがいいでしょう。以前は山シャツといえばチェック柄の前ボタンが当たり前でしたが、最近は柄もスタイルもいろいろなものがあります。今、若い人はシャツを着たがらず、ハイネックの前半分チャックのものを着ている人が多いですが、シャツはやはり便利です。

ジュンコ・タベイブランドのシャツ。(田)

【ヤッケ】Jacke 独

かつてのアノラックが進化したフード付き上着ですが、現在では「パーカ」と呼ぶのが主流です。冬山ではヤッケを着ますが、夏は雨具の上下で十分です。

【フリース】fleece 英

もともとは羊1頭分のウールのことをフリースというそうです。そこから、ウールをまねてポリエステルを起毛した織物をこういいます。軽くて暖かく、速乾性もあり、ウールより安いので、セーターに代わり中間着の主流となっています。

ジュンコ・タベイブランドのフリース。㊐

【帽子】ぼうし

直射日光から頭を守り、熱中症予防のためにかぶります。寒い時期はウールやフリース地のもので耳まで覆うタイプを使います。

ジュンコ・タベイブランドの帽子。㊐

【手袋】てぶくろ

軍手は濡れると乾きにくいので私は薄手のものを使っています。冬山シーズンには厚手のウールにオーバーミトン（手袋を覆う薄い手袋）か、中綿入り厚手のゴアテックス製手袋にインナー手袋が必要となります。

薄手の無雪期用手袋と雨天用手袋。㊐

【パンツ】pants 英

長ズボンのことです。伸縮性のあるものが出て以来、ニッカボッカにとって代わりました。

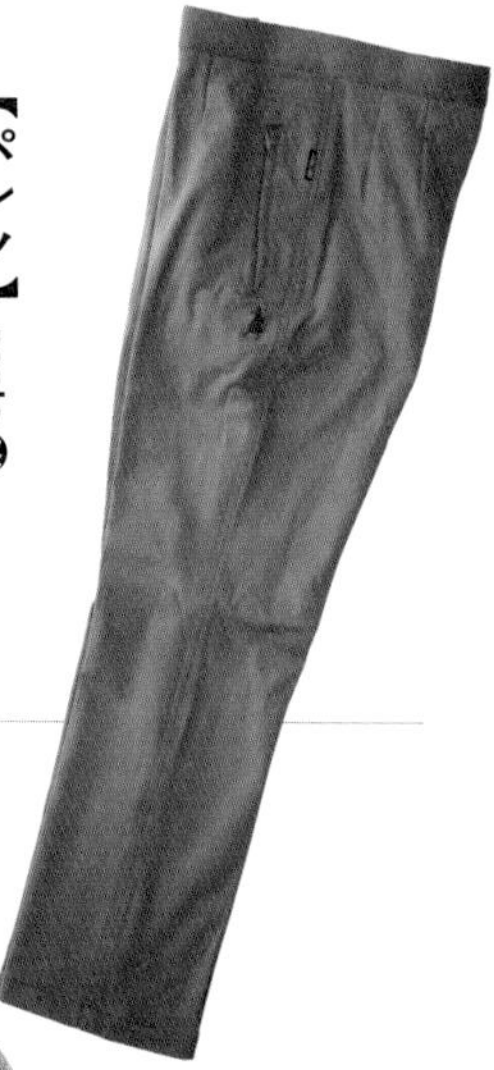

伸縮性のある
登山用パンツ。㊐

【サポート・タイツ】support tights 英

膝や足首を保護する機能がついたスポーツ用のタイツです。疲労を軽くする効果もあり、登山だけでなく、各種スポーツで愛用されています。

【ソックス】socks 英

登山では分厚いウールやウール化繊混紡のものを用います。かつては2枚重ねばきが普通でしたが、足をしめつけて血行不良の原因になるので、1枚ばきが当たり前になりました。

ウールと
化繊混紡の
ソックス。㊐

【ヘッドランプ】headlamp 英

ベルトで頭やヘルメットに装着できるライトです。LED電球を使用したタイプが現在の主流で、以前に比べ格段に明るくなりました。日帰りの山行でも万が一のため携行しましょう。

ペツルの
ヘッドランプ。㊐

【ポリタン】ぽりたん

ポリエチレン・タンクを略してこういいます。水筒代わりや、ガソリンなどの燃料入れとして使われます。

グラン・テトラの水筒。㊐

【水筒】すいとう

水を入れて運ぶ容器です。アルミニウム製の筒型、プラスチック製、ポリエチレン・タンクなどさまざまな種類があります。水を入れていないときはたためるタイプも便利です。

【スキットル】skittle 英

お酒が好きな人のマスト・アイテム。フラスコともいう、ウイスキーのようなアルコール度数の高いお酒を入れて携帯する金属製の容器です。ポケットに入れたとき体に触れる側が湾曲しているタイプが主流です。

これがスキットル。

【高度計】こうどけい

高度計付きの腕時計。

自分が今いる場所の標高を測る計器で、気圧の変化から標高を割り出すタイプが多いです。最近は腕時計に組み込まれているものもあって、便利です。

【地図】ちず

登山には必携です。国土地理院発行の地形図が頼りになりますが、書き込まれている情報を読み取るには、ある程度の訓練が必要です。尾根と谷の識別や、等高線の間隔からその場所の傾斜を思い浮かべるなどができるようになると強い味方になってくれるでしょう。山で地図が読めるようになると方向がわかり、見えている山の名前もわかりで、一層楽しめます。ほかに、いろいろな情報を入れ込んだ登山地図が数社から出ており、こちらは初心者にも使いやすいです。登山地図には登山口から稜線まで矢印がついてい

2万5000分の1地形図とコンパス。㊐　地形図は、最近はネットからもダウンロードできる。登山地図には従来の紙版の他に、スマホアプリまである。

て1：30などと所要時間が書いてありますが、これは休まず歩いた場合の数字ですから、自分たちの体力に合わせてそれより2割増しとか多めに時間をとった計画にしておくと、余裕があって楽しめます。

【コンパス】 kompas 蘭

方位磁石のことです。国土地理院などが発行する地形図とセットで使います。磁石が指す磁北と地図の真上にあたる真北とは実は数度の誤差があるので、注意が必要です。

【概念図】 がいねんず

その山域の特徴を、尾根や稜線、山頂、谷筋などだけで表した略地図のことです。山の骨組を描いてあるので「ガイコツ図」、「スケルトン図」とも呼ばれます。

【登山者カード】 とざんしゃかーど

麓の登山基地や、登山指導所などに置いてある用紙で、登山者の氏名、住所、年齢、登山予定ルート、緊急連絡先などを記入するものです。入山前に必要事項を書き込んで備えつけのポストに入れましょう。まさかのときに捜索の頼りになります。バリエーション・ルートや、条例で登山届の提出が義務づけられている山域の場合は、地元の警察あてに登山届を送ります。

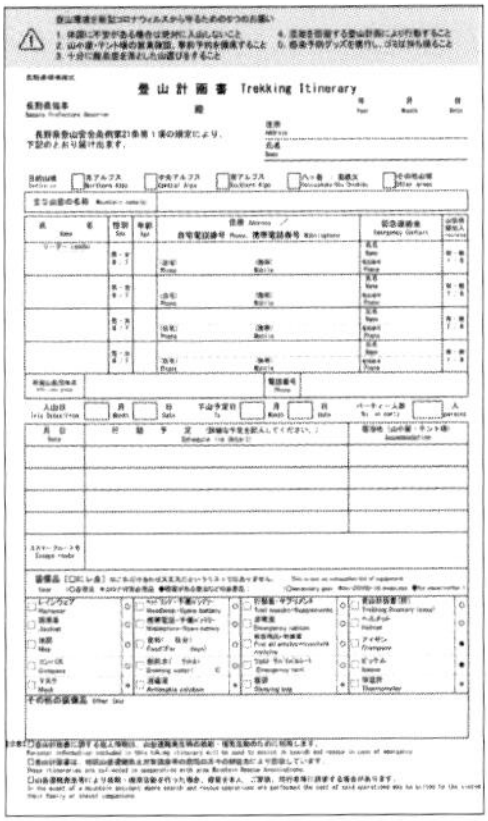
登山計画書 Trekking Itinerary

より本格的な登山では登山届を提出する。今はネットでも届け出できる。

【テント】 tent 英

支柱で支えて中に寝泊まりできる布の袋で、たたんで持ち運びできるため、どこでも簡単な家が作れます。現在主流のドーム型テントは軽量化が進み、風にも強く、主にゴアテックス製で防水性能も高く、実に快適です。

【ツエルト】 Zeltsack 独

「ツエルトザック」のことで、Zeltは「テント」、Sackは「袋」の意。軽量小型の簡易テントで、想定外のビバーク（P.213）や、寒いときの休憩に使います。全身を覆うようにかぶるだけでも身を守れますが、支柱用ポールを持参してテン

2~3人用ツエルトを広げて使用。

3 ~ 4人用テント。特注品。㊐

ト代わりに使うこともできます。このたった一枚のナイロンが風雨を防いでくれるので非常用にザックに入れておくととても便利です。今のものは軽くて250グラム以下のものもあります。

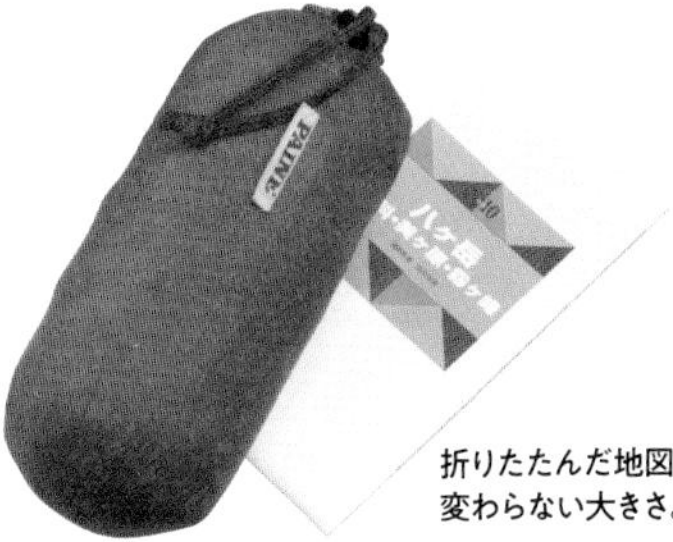

折りたたんだ地図と変わらない大きさ。

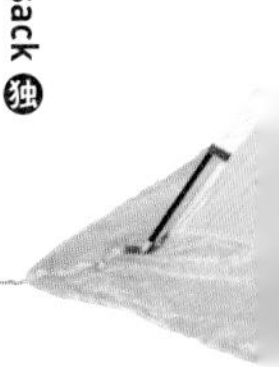

【シュラフ】 Schlafsack 独

正しくは「シュラフザック」、英語では「sleeping bag」、日本語では「寝袋」。テント山行に携行する寝具です。中綿は羽毛のもの、化学繊維のものがあります。できるだけ軽くて暖かいものを選びましょう。夏用とスリー・シーズン（春、夏、秋）用、厳寒期用とありますので、自分の山行に合わせて購入してください。ひとつあると便利で、私は車の中にいつも入れています。

夏用シュラフ。軽量。

【コッヘル】 Kocher 独

ドイツ語では「小型のコンロ」の意味ですが、山で使う鍋や食器がセットになったもののことです。かつてはアルミニウム、アルマイト製が主流でしたが、現在ではチタニウム製のものが超軽量で人気があります。

チタニウム製
コッヘル。
極めて軽量。

チタニウム製
シェラ・カップ。

【マグカップ】 まぐかっぷ 和

同じような意味のmugとcupをくっつけた和製英語です。ステンレス製が主流でしたが、最近は軽いチタニウム製のものもあります。あらゆる飲み物を入れられる万能カップです。そのまま火にかけられるシェラ・カップも便利です。

【ストーブ】 stove 英

携帯コンロのことです。ガス・カートリッジ式のものが主流です。保温クッカー付きのジェットボイル・タイプまで販売されています。

古いタイプの
ガス・カートリッジ式ストーブ。

【武器】ぶき

山の隠語で、テント山行に持って行く、スプーン、フォーク、箸や食器類をこう呼びます。

チタニウム製
超軽量カトラリー。

【テルモス】Thermosflasche 独

携帯用魔法瓶です。ドイツのメーカーTHERMOS社の登録商標が一般名詞のように使われています。雪山でテルモスに入れた熱い飲み物をいただくときの幸福感！　今はサイズもいろいろあるので私は都会でもマイ・ポットとして利用しています。

【食糧】しょくりょう

多くのエネルギーを必要とする登山では、高カロリーでバランスを考えた食事が必須です。営業小屋なら朝夕の2食は用意してもらえますが、テントの場合は食糧をすべて自分で背負って行かなくてはなりません。食事は登山の楽しみのひとつであり、山で食べるご飯のおいしさは格別です。副食の大福や笹団子などおいしいものは重いです。でも私は何かひとつぜいたくな品を持って行くようにしています。「あれがある」と思うだけで元気に歩けます。

沢登りの途中で昼食。

【アルファ米】あるふぁまい

一度炊いた米を乾燥させたもので、お湯か水を注げば食用になり、軽いので登山でよく用いられます。私は今も海外登山や旅行に持って行き、お稲荷さんや五目寿司を作ったりします。最近は白飯以外にドライカレーやピラフ、おこわなど、種類もいろいろあります。

調理済み
アルファ米。
種類も豊富だ。

【ペミカン】pemmican 英

もともとはアメリカ先住民の保存食だそうです。肉や野菜をラードで炒めてパックした料理で、ラードが固まると携行食、保存食になります。

【行動食】こうどうしょく

登山で行動中のエネルギー補給のためにとる食糧です。歩きながらや登攀中に、ポケットから取り出し、立ったまま口に入れられるパンや飴、チョコレート、ナッツ類、ゼリーなどが好まれます。私は干し柿や干し芋、干した小魚など持って行きます。太陽の光をいっぱい浴びた食品はエネルギーがつまっていると思うし、おいしいです。干し柿も干し芋も自宅では冷凍しておけます。

【非常食】ひじょうしょく

3食と行動食以外に携行し、ビバークや遭難という事態になったときにエネルギーをとるための軽食です。チョコレートなどのかさばらず高カロリーなものが適しています。

【予備食】 よびしょく

天候悪化などで下山が遅れた場合のために用意しておく食糧です。チョコレートとか甘納豆など日持ちするものがいいですね。私は練乳など常に持っていました。

【ストック】 Stock 独

スキーでバランスをとるための杖。また、トレッキングで使う杖のこと。「トレッキング・ポール」ともいいます。ストックを使うことで膝や腰にかかる負担を減らせます。短く縮められるので持ち歩きに便利です。I型とT型がありますが、山ではI型がおすすめです。

【金剛杖】 こんごうづえ

山伏やお遍路さんが使う八角や六角、四角の杖を山登りでも使います。富士山、御嶽山、白山などの信仰の山で売られていて、ストックの代わりにもなるし、登山の記念品にもなります。

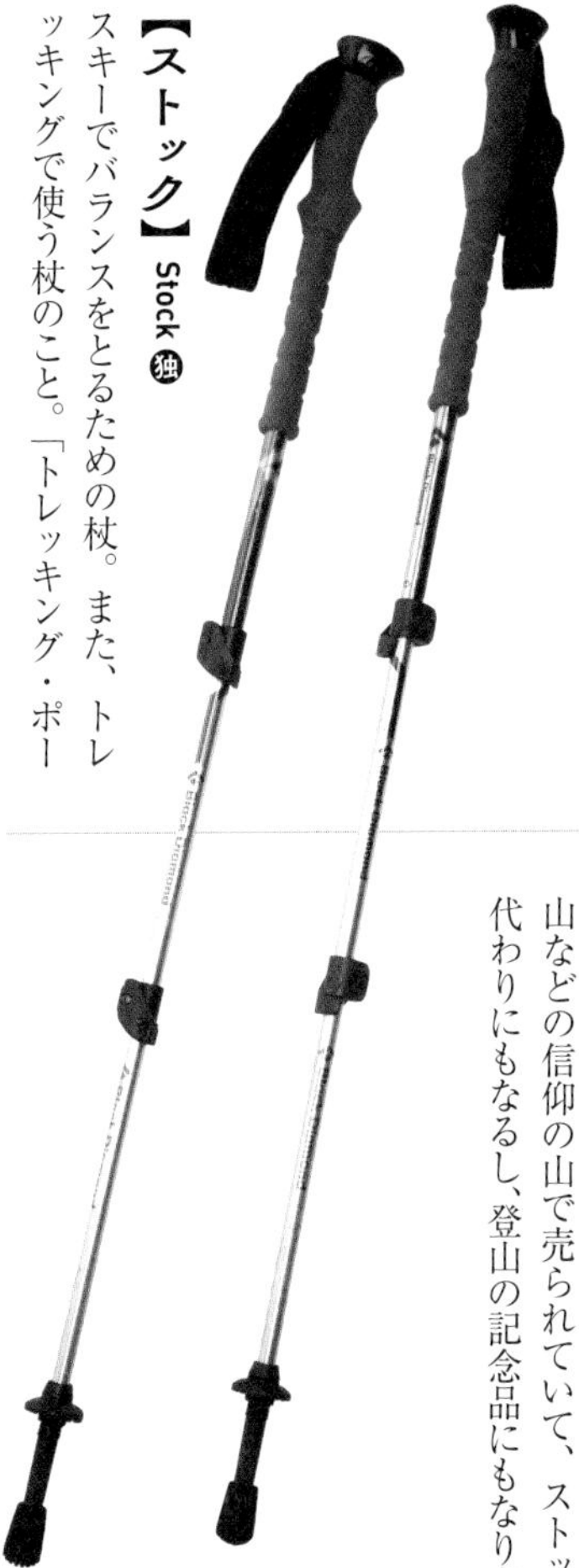

ブラック・ダイヤモンドのI型ストック。

【サバイバル・シート】エマージェンシー・シート

survival sheet　emergency sheet 英

表地が金色、裏地が銀色の、広げると3メートル四方くらいになるアルミ製のシートで、小さくたためます。これをかぶれば日よけ、雨よけ、保温ができ、緊急の場合に備えてひとつ持っていると心強いです。日よけでは銀色を表側に、保温には金色を表側にして使います。

サバイバル・シートをかぶったところ。

【ランタン】lantern 英

灯油やガソリン、またはガスを燃料とするランプのことです。テントの夜では重宝しました。現在は電池式のものが便利です。

今は懐かしいランプ＝ランタン。

【登山ナイフ】とざんないふ

かつては柄が手のひらにちょうどおさまるくらいの大型のナイフをこう呼びましたが、アウトドアで焚き木を切ったり釣った魚をさばいたりするのに使いました。現在、登山で使うナイフは小ぶりな折りたたみ式で、缶切りや栓抜きなどが付いたタイプもあります。

ビクトリノックスのナイフ。

【軽アイゼン】 けいあいぜん

夏山の雪渓歩きの際などに登山靴の裏に装着する滑り止めの金具で、爪の数が4本のものと6本のものがあります。冬の奥多摩や丹沢など歩くとき、北側などは凍っているのであると便利です。

【アイゼン】 Eisen 独

シュタイグアイゼン（Steigeisen）の略。Steigは「山道」、Eisenは「鉄」の意味です。「クランポンcrampon」とフランス語で呼ぶこともあります。雪や氷の斜面を歩くときに滑らないためのスパイクで、登山靴の裏に装着します。10本か12本の爪が付いているものが本格的なものですが、夏の雪渓を歩くときに使う4本や6本爪のものは「軽アイゼン」と呼びます。

セミ・ワンタッチ式12本爪アイゼン。㊐

【スパッツ】spats 英

「ゲイター」ともいう、足の甲から上を覆う装備です。膝下までのロング・スパッツは雪山で雪が靴に入り込むのを防ぎ、足首までのショート・スパッツは雨や泥が入り込むのを防ぐのに用います。山ガールの方たちがカラフルなスパッツを付けて歩いているのをよく見かけますが、足元が明るくていいですね。

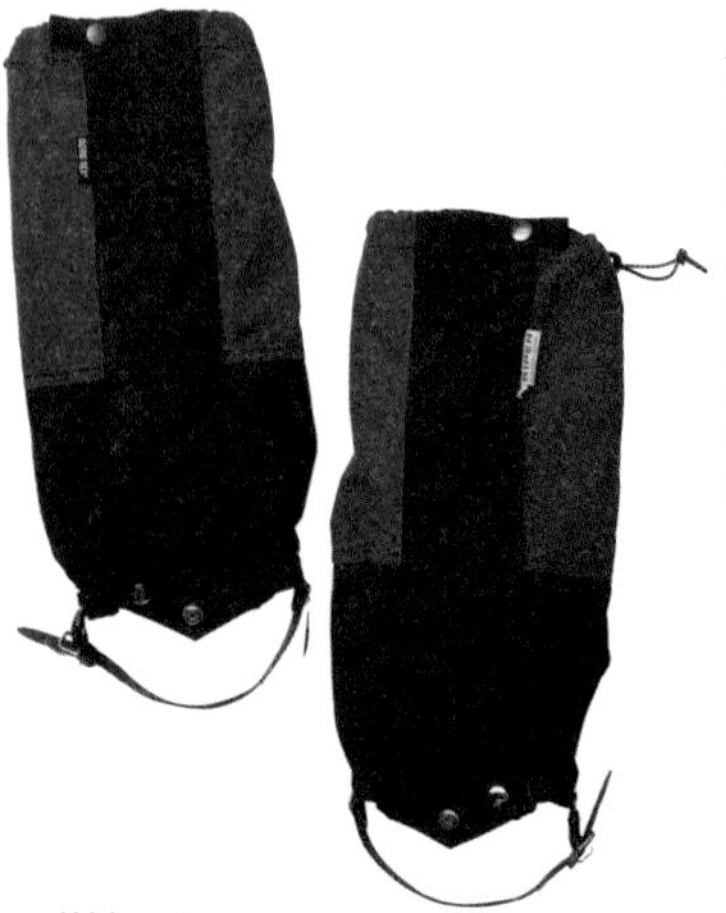
前側から見たロング・スパッツ。

【ピッケル】Pickel 独

アルピニストの魂ともいわれる登山道具です。フランス語では「ピオレ piolet」。氷を砕き、雪面を掘るときに使うヘッド、歩くとき雪面に突き立てるスピッツェ、ヘッドとスピッツェをつなぐシャフトの三つの部分からできています。滑落停止や安全確保、歩行のバランス保持と、雪山登山で大活躍します。何本かのピッケルにお世話になりましたが、今から十数年前、ピッケル製作の名人・二村善市さんに田部井の名入り、ナンバー二八八八入りのピッケルを作っていただきました。

二村善市作
ピッケル。
シャフトは木製。
㊐

田部井　二八八八と刻まれている。

【スノーシュー】snowshoes 英

日本古来の輪かんじきに対して、欧米生まれの深雪歩行補助器具です。最近は冬の上高地スノーシュー・トレッキングなどが人気です。

【輪かん】わかん

日本古来の輪かんじきの略称で、深雪にもぐるのをできるだけ避けるために靴の下に取り付ける雪上歩行器具です。以前のものはクロモジの木で作られていて、どんなサイズの靴にも合うようになっていました。現在ではジュラルミン製のものがよく使われています。

左右の靴に取り付けて使う輪かんじき。

【ダウン・ジャケット】down jacket 英

水鳥の綿毛（ダウン）を詰めたジャケットで、ダウン・ユースでも防寒着として活躍しています。平地より格段に気温が低い山では、夏は薄手のもの、冬は厚手のものが重宝します。軽くて小さくなるので本当に便利。ハンド・バッグにも入るほどなので、劇場や新幹線の中で膝にかけてもよく、ひとつ持っているといいです。

スリー・シーズン用ダウン・ジャケット。㊐

【目出帽】めでぼう

雪山で顔面部の凍傷を防ぐために、頭からすっぽりかぶる帽子で、目の部分だけが出るのでこう呼びます。目出し帽とも。

寒風の中では鼻まで覆って使う。

【ビーコン】beacon 英

雪崩に埋まった人の居場所を知らせる電波送受信機です。捜索者が自身のビーコンを受信状態にして、遭難者のビーコンから送信される電波を受信し、そのおおよその居場所を知るのに役立ちます。私も山スキーを始めてから持つようになりました。

雪崩で埋まった人を捜すためのビーコン。

【ゾンデ】Sonde 独

英語で「プローブ probe」ともいう細長い棒で、雪崩で埋まった人を捜索するため雪に突き刺すものです。山スキーのときはゾンデ、スコップ、ビーコンは必需品です。

こちらも遭難者を捜すためのゾンデ。

【スキー】ski 英

両足の下に付けて雪面を登ったり、滑り降りたりするための板です。ゲレンデ以外の山の中で行うのが「バックカントリー・スキー」。歩くためのスキーもあり、「クロスカントリー・スキー」と呼ばれます。私は60歳から山スキーを始めました。転ばないで滑れればいいのです。そのおかげで遊びの幅がまた広がりました。

【シール】 seal 英

seal はアザラシのこと。昔はスキーの裏側にアザラシの毛皮を張って、スキーで雪面を登るときの滑り止めにしていました。『雪山讃歌』の2番の歌詞にある「シール外してパイプの煙」のシールです。現在でも、バックカントリー・スキーで斜面を登るとき裏面に付ける化学繊維でできた滑り止めを「シール」と呼んでいます。

【サングラス】 sunglasses 英

標高の高い山では紫外線が強く、積雪期以外でも、サングラスは必需品です。雪の上では曇りのときも絶対必要です。一度ヒマラヤで見えにくいのでサングラスをはずして歩いたら次の日雪目になり、痛い思いをしたことがあります。

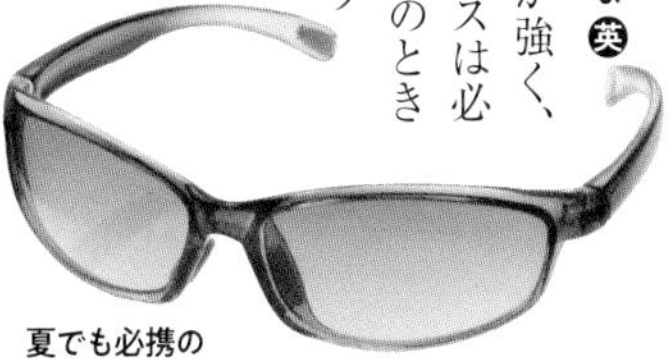

夏でも必携のサングラス。㊐

【カラビナ】 Karabinerhaken 独

岩登りや沢登りなどで使う、ハーケンやボルトにかけてザイルを通す金属製のバネ付きリングです。不意にゲートが開かないよう安全環が付いたものもあります。私が最初に使った頃は鉄製でした。すごく重かったですね。今はジュラルミンからチタンと替わり、すごく軽くなっています。

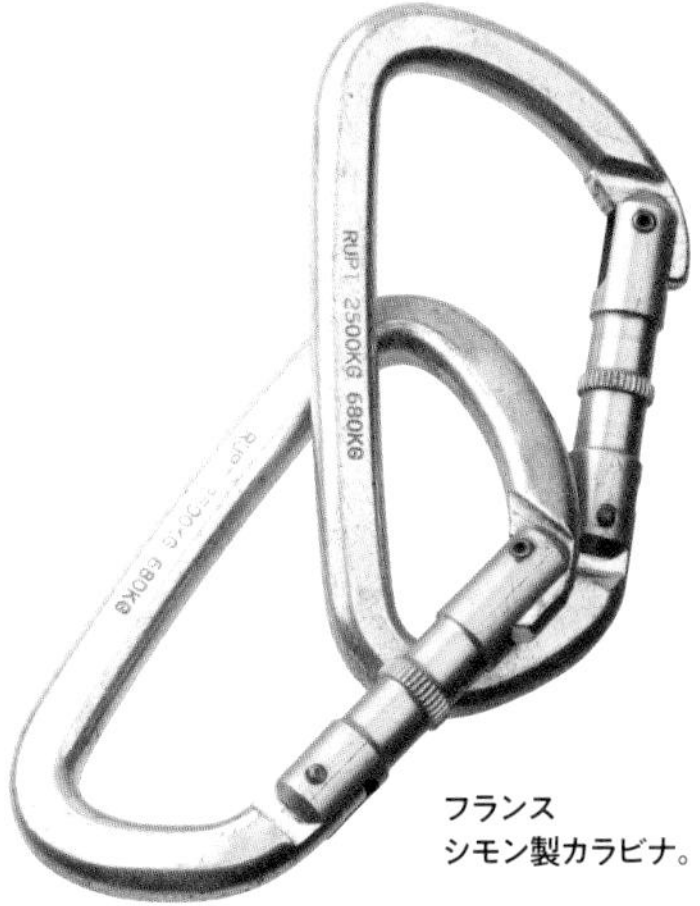

フランス
シモン製カラビナ。

※西堀栄三郎作詞。

【安全環付きカラビナ】あんぜんかんつきからびな

自己確保や仲間の確保、懸垂下降など、不意にゲートが開いてしまったら、大事故につながるような局面で使用する、ゲートにロック機能がついたカラビナです。手でネジをしめる「スクリュー・タイプ」と「オートロック・タイプ」があります。

【ATC】エーティーシー 英

岩登りで仲間を確保するときや懸垂下降に使う道具です。穴の部分にザイルを通し、安全環付きカラビナにも通して使います。air traffic controller の頭文字をとった呼び名。

安全環付きカラビナとATC。

【エイト環】えいとかん

ザイルを通して懸垂下降で使う道具で、8の字形をしているので、こう呼ばれます。昔は仲間の確保にも使ったりしました。

懸垂下降に用いる道具・エイト環。

【ハーケン】Haken 独

フランス語では「ピトン piton」。岩登りで岩の割れ目にハンマーで打ち込み支点にする平たい釘です。日本の岩場には昔のクライマーが打ち込んだハーケンが回収されずにたくさん残っていて、よく利いているものはそのまま支点として使えますが、錆びて古いものや、打ち込みの浅いものは使ってはいけません。

9ミリ×50メートルのザイル。

【ザイル】 Seil 独

登山用の綱は以前はこのようにドイツ語で呼ばれましたが、現在ではロープ、あるいはクライミング・ロープと英語で呼ばれることが多いようです。1本で使うか2本で使うかの違いがありますが、太さは8ミリ超から11ミリまでのものが使われます。墜落の衝撃を受けると伸びて衝撃を吸収する構造になっています。

【ハーネス】 harness 英

以前は「安全ベルト」と呼ばれました。岩登りなどのザイルを使う登山で腰に付けてザイルを結ぶベルトです。現在のものは腰と両太ももを輪に通すレッグ・ループ・タイプが主流です。

レッグ・ループ・タイプのハーネス。

【渓流靴】 けいりゅうぐつ

沢登り用のシューズです。布製の靴底にフェルトが付いていて、濡れた岩の上で滑りにくい作りになっています。昔は地下足袋に草鞋《わらじ》をはいて沢を登ったものですが、その後フェルト底の地下足袋・渓流足袋が出て、渓流靴の登場となりました。ゴム底のものもあります。

キャラバン社製渓流靴。

田部井さんと登った山 ③

神室山

市毛良枝（俳優）

「おかあさんは、出かけると必ず友達を作ってくる」とご主人がよく呆れていた。そもそも私もそのひとりだし、おかげでどこの山でも恩恵のおこぼれにあずかった。

東北の神室山も、地元の山岳会が、田部井応援団で駆けつけてくれ、大量の食材と、ありとあらゆる必要なものを持って、避難小屋で大歓迎会を開いてくれた。

行かないかと誘われたときは、忙しい仕事の合間で、寝不足を避けられず、山も強行軍になると迷った。でもなかなか行けない東北の山……、エイヤっと行くことに決めた。身の程しらずは、このとき標高1，365mという数字に目をくらまされ、ややなめていた。

見渡す限り人工物のない壮大な自然は、ただただ眼福の魅力的な場所だったが、山をなめてはいけない。東北の山は小屋が少なく水の

標高1,365mの神室山。
小さく避難小屋が見える。

補給も難しい。雪解け水は、登山道よりかなり降りなくては手に入らず、出発点で、防寒と水一本を天秤にかけ、水を諦めたのが失敗。節約を続けても、もう一本持ってくればと後悔するほど、長い長い道程だった。おそらく自分たちだけでは食事もままならず、長丁場を歩き通せなかっただろう。

結局この山が、最後になってしまった。病気にはなっても、病人にはならないと言っていた淳子さん。我々も普段通り。夜、足が冷たいと言うから、寝袋を開けて足をくっつけて湯たんぽ代わり。そんな些細なことも懐かしい。いつかまた一緒に歩きたいな……。

登山という行為

【アルパイン・クライミング】 alpine climbing 英

岩登りや沢登り、氷雪登攀などのバリエーション・ルートに挑む登山形態のことです。

前穂高岳北尾根Ⅲ峰を登る。

【アルピニスト】 alpinist 英

アルパイン・クライミングをする登山家のことです。

【岳人】 がくじん

登山家、アルピニストのことです。同名の山岳雑誌もあります。

アルピニストは冬山をも目指す。

北穂高岳東稜、ゴジラの背を登るクライマー。

【山男】やまおとこ
【山ガール】やまがーる

「山男」には山に住む化け物の意味もありますが、登山の好きな男性のことです。それが女性なら山女？　最近は「山ガール」といいますね。

【バリエーション・ルート】
variation route 英

岩登りや沢登り、雪山登山の対象となる、一般登山道ではない困難なルートです。クライミング技術や確保技術など、さまざまなテクニックが必要です。

【岩登り】 いわのぼり

岩を登ること、ロック・クライミングのことです。22歳のとき入会した山岳会で岩登りを教わり、その魅力にはまりました。両手で岩をつかんだとき、その岩のぬくもりや冷たさが体中に伝わり、自分は好きな山に触って登っているんだ、という実感がこみ上げました。

【登攀】 とうはん

険しい岩稜や岩壁、雪壁、氷壁を攀《よ》じ登ることです。漢字も難しいですね。私も女子だけでヒマラヤを、を合言葉に「女子登攀クラブ」を1969年に設立しました。その頃、女性のクラブに登攀という言葉を使うところはなかったですね。

三ツ峠山屏風岩で岩登り。

【ガイド】guide 英

古くは猟師などの山案内人、現在では山岳ガイドのことです。技術・経験に秀でた登山家がなります。日本でもガイド協会というのがあります。フランスでは国立のガイド養成所が有名ですね。

【三点支持】さんてんしじ

「三点確保」ともいいます。岩登りの基本で、両手両足四つの支点のうち三点をしっかりと確保したうえで、一点をフリーにしながら岩場を攀じる方法です。

【懸垂下降】けんすいかこう

支点にかけたザイルを伝って岩壁や氷壁を下りる技術で、現在ではエイト環やATCといった器具を使うのが普通です。下に着いたらザイルを引いて回収します。ドイツ語で「アプザイレン Abseilen」、フランス語で「ラッペル rappel」といいます。出だしの一歩は緊張しますが、岩に足裏がピタッとついたときの姿が岩と90度の角度になると安心して下れます。

【牛蒡】ごぼう

ザイルや鎖を両手でつかみ、足を岩壁や急斜面にくっつけて、腕力で体を持ち上げながら登ることです。当然腕が疲労します。

三点支持の基本に忠実に。

岩壁を懸垂下降中。

沢登りは真夏の醍醐味だ。

【沢登り】 さわのぼり

谷や沢を遡ることを目的とする登山形態です。途中にある滝を直登する場合と高捲きする場合があります。普通は登山道のないバリエーション・ルートとなります。夏はこの沢登りが気持ちいいですね。

【遡行】 そこう

沢登りで、流れを上流に向かって遡っていくことです。

【渡渉】としょう

川や沢を歩いて渡ること。沢登りでは頻繁に行います。渡渉で一番怖かったのは南米のアコンカグアに行ったときに渡ったオルコネス川です。ココアのような水の色で下が見えないうえ急流で、泳げない私は本当にビクビクしながら渡りました。

ザイルを頼りに急流を渡渉する。

【へつる】

沢登りで水際の岩壁にへばりついて横向きになって進むことです。

岩場をへつるのも沢登り技術のひとつ。

【高捲き】たかまき

沢登りで滝を直登せずに岸側を迂回して登ることです。たいていの困難な滝には高捲きの踏み跡がついています。

【ラッセル】 らっせる 和

除雪を行うラッセル車からできた和製英語で、深い雪の中を進むとき、膝や足で雪を踏み固めて道を作る行為です。大変な労力を強いられます。8、500メートルのエベレストの最終キャンプ地から南峰（8、700メートル）に向かうときも膝上までの雪のラッセルがあり、本当に苦労しました。傾斜が強いためピッケルで上の雪を落とし膝で踏み、それから足で踏むという作業でした。

【リングワンデルング】 Ringwanderung 独

吹雪や濃霧などホワイトアウトの状況で、視界が利かないために、いつの間にか同じ場所をぐるぐる輪を描くように歩き回っていることです。日本語で「環状彷徨」。

【団子雪】 だんごゆき

雪山で行動中、アイゼンの裏についた雪が団子状の塊《かたまり》になったものです。そのままでは邪魔なので、ピッケルのシャフトで叩いて落とします。

【つぼ足】 つぼあし

雪の上をスキーやスノーシュー、輪かんをはかずに歩くこと。雪が深いときは足がもぐってしまい、しんどいです。

靴先を雪面に蹴り込んでキック・ステップ。

グリセードは訓練が必要な技術。

トレースのない雪面をラッセルして進む。

【キック・ステップ】 kick step 英

アイゼンなしに雪の斜面を登るときと下りるときに使う技術です。登りでは膝から下を振って靴先を雪面に蹴り込むようにし、下りでは踵を蹴り込んでステップを作ります。

【グリセード】 glissade 英

ピッケルでブレーキをかけながら立ったまま靴底で雪の斜面を滑り降りる技術です。これも訓練を要しますが、座ってお尻で滑るシリセード(尻制動)は行いやすいです。ただし、スピードの出しすぎは事故のもとですからご注意を。

【イグルー】igloo 英

イヌイットの冬の住居で、雪や氷の塊を切り出して積み、入り口にトンネルをつけたものです。雪山でテントの代わりやビバーク（P.213）用に作ることがあります。

大勢で行えばイグルー作りも楽しい。

【雪洞】せつどう

雪山で、露営やビバークのために積雪に掘る穴のことです。斜面に横穴を掘り、中に入ったら、入り口を雪のブロックでふさぎ、天井にピッケルで空気穴を空けます。こうすると外が吹雪でも、中の気温は0度くらいに保たれ、極寒を避けることができます。

雪洞作りは体力と根気のいる作業だ。

【雪上訓練《せつじょうくんれん》】

略して「セックン」。雪山でアイゼン歩行、ピッケルの使い方、滑落停止や耐風姿勢などを練習することです。若いときは11月に入ると冬山合宿の前に毎年富士山で雪上訓練を行いました。この訓練はヒマラヤでもとても役に立ちました。

滑落停止の「セックン」中。

【滑落停止《かつらくていし》】

雪や氷の斜面でスリップしたとき、ピッケルを雪面や氷に刺して滑落を止める技術です。習得には練習が必要ですが、それよりもまず、滑落しない確実な歩行技術を身につけましょう。

【耐風姿勢《たいふうしせい》】

両手で握ったピッケルを雪に深く突き刺し、開いた両足と三角形になるような姿勢をとって、突風や強風をしのぐ冬山技術です。

【体感温度《たいかんおんど》】

体が感じる温度です。気温が同じでも、日差しや風の強弱によって体感温度は変わります。風速10メートルでは体感温度は10度下がります。また、汗や雨に濡れても下がります。たとえばマイナス20度の山で10メートルの強風に遭えば、体感温度はマイナス30度になります。

【テレマーク】 telemark 英 Telemark 独

クロスカントリー・スキーの回転と停止の技術です。スキーを前後にずらし、両脚の膝を深く曲げる姿勢をとります。ノルウェーのテレマーク地方が発祥地。

テレマークは意外に難しい技術。

【クロスカントリー・スキー】 crosscountry skiing 英

雪原を歩き回るスキーのことです。少しくらいの傾斜なら、上り下りもできます。スキーは足の幅くらいと細く、靴も小さくて踵が上がるなど、アルペン・スキーとは大分異なります。冬季オリンピックの種目にもありますね。

雪の山野を歩くクロスカントリー・スキー。

【バックカントリー】back country 英

「田舎」、「僻地」を表します。そこから、ゲレンデ以外で行うスキーのことをいいます。

スキー場とは違う爽快感がバックカントリーの魅力。

【ビバーク】bivouac 仏 Biwak 独

予期せぬ露営＝不時露営のことです。「フォースト・ビバーク」ともいいます。ツエルトを持っていれば比較的快適ですが、そうでないこともあります。その場合は雪洞を掘ったり、岩陰や木の陰で過ごしたり。冬の谷川岳一ノ倉沢中央稜の岩棚で今は亡き親友とビバークした思い出があります。

雪洞作りの経験が雪山のビバークでものをいう。

北アルプス・八方尾根、丸山で小休止中。

【小休止】 しょうきゅうし

数分の休憩のことです。登山では30~40分登ったら5分休む、というようにこまめに小休止をとるのが理想的です。

【大休止】 だいきゅうし

昼食などのために長くとる休憩のことです。冬以外だと、この大休止のとき、私は登山靴を脱いで弁当を食べます。足は結構汗ばんでいるので、靴を脱ぐととても気持ちいいですね。

【デポ】 dépôt 仏

フランス語で「置くこと」、「預けること」の意。山頂往復などのために荷物を山小屋やテントに置いていくことです。また、冬山登山の装備や食糧を雪が積もる前に運び上げておくこと。冬山合宿の前には食糧などを一斗缶に入れて前もって運び上げておきました。雪が多い年はこのデポ品を掘り出すのも大変です。目印はむろんつけておきましたが、なかなか掘り当てられないこともありました。

【ピストン】 ぴすとん 和

ある地点から山頂に登り、同じ地点にもどることです。往復登山。

【沈殿】 ちんでん

山の隠語で、悪天候のため、その日の行動をやめ、テントや山小屋にとどまることです。「停滞」とも。毎日晴天で行動しているときは、「あー、たまには沈殿したいね」などと言いますが、雨や吹雪で3日も4日も停滞していると、早く動きたいなあ、とも思います。でも狭いテントの中でいかに楽しく過ごすかを考えるのも楽しいものです。

【トラバース】 traverse 英

横切る、横に移動するという意味で、山の斜面を横切って歩くことをいいます。また、縦走中に山頂を踏まず山腹を巻いて行くこともいいます。

【雑魚寝】 ざこね

山小屋では同じ部屋で他の大勢の登山客と一緒に寝ることが多いです。中には個室を備えた山小屋もありますが。

山小屋は雑魚寝が基本。北アルプス・餓鬼岳小屋。

【トカゲ】 とかげ

山の隠語で、晴れた日に大きな岩の上に寝そべって、日光浴や昼寝をすることです。その姿がトカゲに似ていることから。剱岳や涸沢での登攀が終わったあと、よく岩の上で日光浴しました。至福の時間でした。

【予備日】 よびび

ぎりぎりの日程で登山をするのではなく、天候が悪化した場合などのために何日か余分に予定に組み入れておきたいものですが、なかなか難しいものです。

【ルート・ファインディング】route finding 英

進むべきルートを自分で見つけること。一般登山道ではあまり必要ありませんが、道に迷ったときや、岩登り、沢登り、トレースのない雪山登山ではこの能力が鍵となります。

雪山で地図を広げてルート・ファインディング。

【エスケープ・ルート】escape route 英

悪天候やアクシデントに見舞われたときや、予定のルートが難しすぎた場合の逃げ道です。入山前に確認しておきたいものです。大人数で歩いているときなど、体調を崩した人を早く下ろすためにも知っておくことが必要ですね。

天狗のコルから岳沢へのエスケープ・ルート。

時には藪こぎを強いられることも。

【トレイル】trail 英

山の踏み跡、小道のことですが、登山道のこともいいます。ここを走るのが今流行のトレイル・ランニングです。

【踏み跡】ふみあと

トレースのこと。バリエーション・ルートには登山道はありませんが、長年の間に登山者が歩いてできた踏み跡がたいていあります。

【藪こぎ】やぶこぎ

登山道のない場所や荒れた登山道で、生い茂った低木やハイマツなどを掻き分けて進むことです。結構な労力を使います。

【山開き】やまびらき

信仰の山などで雪が解けて、入山・登山を初めて許す日のこと。富士山の山開きは毎年7月1日です。

第65回八ヶ岳開山祭記念バッジ。

【閉山】へいざん

その年の登山シーズンを終わりにすることです。炭鉱の閉鎖の意も。

【馬返し】うまがえし

山で馬返しという地名があれば、そこは昔登山道の入り口で、乗ってきた馬を返してそこから歩いたことから名づけられたものです。そこから先が険しくなっている場合と、信仰登山で聖なる領域に動物を入れるのを禁じていた場合とがあります。

【入山】にゅうざん

読んで字のごとく、山に入ることです。ほかに、僧侶が修行のため寺に入ることもこういいます。

【アプローチ】approach 英

バスや車を降りた地点から登山口までの林道歩きや、岩登りの取り付き点までの歩きをいいます。岩登りの場合はこの歩きではく靴を「アプローチ・シューズ」と呼びます。

アプローチはのんびりと歩ける。

富士山から下山する。

【下山《げざん》】

登った山から下りて、下界に帰ることです。登りはバテるけど下りは楽だという人が時々いるので、冗談で「じゃ、貴方は『下山家』ですね」などと言ったことがあります。

【機動力《きどうりょく》】

自分の足で登らなくても、ロープウェイ、ケーブルカーなどが、絶景の広がるかなりの標高まで連れて行ってくれる山がいっぱいあります。北海道の大雪山旭岳、東北地方の岩木山、秋田駒ヶ岳、安達太良山、月山、中央アルプス・木曾駒ヶ岳、北アルプス・立山、唐松岳、五竜岳、西穂高岳、乗鞍岳などなど。山の初心者には低い山から登らねばならないと思っている人が多いですが、低い山から登り始めなくてもいいのです。こうした文明の利器を利用して高いところに立つと、広々としたお花畑があったり、眼下に町並みを見下ろす雄大な風景に感動して山が好きになる人がいます。最初はまず感動することが大事ですね。

北アルプス・栂池高原のゴンドラ・リフト。

北アルプス・後立山連峰縦走路、天狗山荘付近、健脚者向けルートの表示。

【着干し】きぼし

山の隠語で、汗や雨に濡れた衣類を、着たまま乾かすことです。少しくらいの湿った衣類は体温で乾きますが、低体温症になる恐れがあるときは乾いた衣類に着替えましょう。

【レイヤード】layered 英

衣服を重ね着すること。暑くなったらこまめに脱ぎ、寒かったらもう1枚上に着るのが鉄則です。今はいろんな色の山用Tシャツなどが出ていますので、カラー・コーディネートして山でもおしゃれを楽しめ、しかも身を守ってくれるのはありがたいです。山では「早め」と「こまめ」がとても大事です。

【健脚】けんきゃく

脚が丈夫で、重い荷物を背負って険しい山道を長時間歩いても平気なことです。

【カモシカ山行】《かもしかさんこう》

最小限の装備だけで長い山道を、できるだけ早く歩くことです。若い頃は体力をつけるための訓練として何回も行った覚えがあります。

【歩荷】《ぼっか》

重荷を背負って山に登ること。また、山小屋用の食糧、燃料などを背負って荷揚げすること、それを行う人のことです。富士山では登山客の荷を背負って案内する人を「強力」と呼びました。尾瀬でも自分の背丈よりもはるかに高い荷物を背負っている歩荷の人を見た高校生が「山の食糧はこうして運ばれるのですね。残しちゃいけないですよね」と言っていたのを聞いて、実際に歩荷している人に出会ったのはよかったなと思いました。

【強力】《ごうりき》

昔登山者の荷物を背負って山を案内した人のことです。

背負子で山小屋の食糧を運ぶ歩荷。

秋の栂池高原ハイキング。

【ハイキング】hiking 英

軽めの登山。自然に触れながら野山を歩くことです。

【ワンダーフォーゲル】

Wandervogel 独

「渡り鳥」の意。もともとは青少年が集団で野山を歩いて体と心を鍛え、親睦を図る活動です。日本では大学などでの山歩きのための部活動を指します。

北アルプス・八方尾根、八方池まではトレッキング・コース。

【トレッキング】 trekking 英

高い山の山麓を歩くことや、健康や気晴らしのためにする簡単な山歩きをいいます。頂上を目指さず、山を眺めながら歩くことで、今はこのトレッキングの人口もかなり増えています。ヒマラヤを眺めながらの歩きは本当に楽しいです。

【ロー・インパクト】 low impact 英

山に登ったとき、人が自然環境に与える影響を極力小さく抑えようとすること、またそういう意識をいいます。「とっていいのは写真だけ。残していいのは足跡だけ」。

大峯山西ノゾキでの修行風景。

【山岳信仰】 さんがくしんこう

山そのものがご神体であったり、山頂に神仏を祀って、山を信仰の対象とする宗教形態です。日本は古くから、山岳信仰が盛んで、修験道の行者が山で修行したり、信仰登山が庶民の娯楽だったりした歴史があります。

【山の神】 やまのかみ

山に住み山を守る神様のことです。古くから、猟師や炭焼き、農民など山を仕事場とする人々に祀られてきました。

那須岳の登山口にある山之神の鳥居。

【開山】 かいざん

行者が信仰対象の山の頂に登り、登山道を

大峯山入り口でくつろぐ先達さんたち。

開拓することです。ちなみに4月下旬に上高地で「開山祭」という名前で山開きの行事が行われています。

【先達】せんだつ

信仰登山で皆を引率して登る指導者のことです。「先達さん」と呼ばれます。

【霊山　霊峰】れいざん　れいほう

山岳信仰の対象である、聖なる山のことです。日本三霊山といえば、富士山、立山、白山のことです。

【六根清浄】ろっこんしょうじょう

信仰登山で先達さんが「懺悔《ざんげ》、懺悔」と唱えたあとに登山者たちが唱和する言葉。人間の六つの器官（眼・耳・鼻・舌・身・意）から生じる迷いを振り払って清らかになるぞ、という掛け声です。

火山とその恵み

【火山《かざん》】

地殻の深くからマグマや生成物が噴き出してできた独特の地形です。日本は火山国で、温泉その他の恩恵もありますが、噴火や地震といった災害に見舞われることもしばしばです。

2004年9月16日浅間山の噴火。

【溶岩ドーム】《ようがんどーむ》

「溶岩円頂丘」ともいいます。火口上に溶岩が盛り上がってドームのようになった火山で、箱根の駒ヶ岳などがそれです。

頸城山塊・新潟焼山の溶岩ドーム。

【爆裂火口】《ばくれつかこう》

火山で爆発により山体が吹き飛ばされてできた火口です。八ヶ岳・硫黄岳山頂などで見られます。

八ヶ岳・硫黄岳の爆裂火口。

蔵王連峰のカルデラ湖・御釜。

【カルデラ】caldera 西

火山の噴火で中心部が陥没した後にできる巨大な窪地のことです。caldera はスペイン語で「釜」の意。

登山でしか行けない那須・三斗小屋温泉煙草屋旅館の露天風呂。

【温泉《おんせん》】
火山国日本の自然の恵みのひとつ。登山の後の温泉は欠かせませんね。日本では山の下には必ずといっていいほど温泉があるのでうれしいです。

【鉱泉《こうせん》】
鉱物質を含む湧泉のことです。かつては温度が摂氏25度以上のものを温泉と呼びましたが、温泉法の改正により、現在では25度以下の鉱泉も温泉と呼んでいます。八ヶ岳の赤岳鉱泉が有名ですが、山でお風呂に入れるのは最高です。しかし、山の環境のために石鹸やシャンプーは使えません。

【秘湯《ひとう》】
日本の山には数多くの秘湯があります。登山でしか行けない秘湯、下山後に汗を流せる秘湯など、山登りの楽しみと切り離せないものでもあります。北アルプスのど真ん中にある高天原温泉はまさに秘湯中の秘湯ですね。最低2日歩かないとたどり着けません。

秘湯の宿、北アルプス・蓮華温泉ロッジの野天風呂。

「山」と「峰」の付く言葉

【山塊】 さんかい

山脈や山地から離れた場所にある山々の塊を指します。信越国境の海谷山塊など。

【山体】 さんたい

山そのもののことです。

【山地】 さんち

山が集まっている地域です。または一帯が山ばかりの地域。私の生まれ故郷の福島県三春町などは「阿武隈山地」にある、などといわれます。

厳冬の北アルプス(飛騨山脈)・後立山連峰。

霊峰白山の山巓。

【山巓《さんてん》】

山の頂上のことです。「巓」にはてっぺん、物の先端の意味があります。

【山腹《さんぷく》】

「中腹」ともいい、山頂と山麓の間の部分です。

【山脈《さんみゃく》】

高く険しい山々が細長く脈のような形で連なっているものです。ヒマラヤやアルプス、アンデス、ロッキー、日本では飛騨、木曾、赤石など。

【山容《さんよう》】

山の形のことです。深田久弥さんが「日本百名山」を選ぶ要素のひとつは、高さとともに姿形、つまり山容が重要なポイントだったといわれています。

八ヶ岳・赤岳の独特な山容。

【山稜】 さんりょう

山頂から山頂へ続く尾根のことです。私たちはよく「稜線」と呼んでいますが、登山口から歩き出して稜線に達したときはうれしいですね。

【山嶺】 さんれい

山の峰のことです。

【山麓】 さんろく

麓《ふもと》のことです。山の紹介文に「山麓に温泉があります」などと書いてあると、その山の魅力が一層増しますね。

峰には神仏が住まう。

【峰】 みね

もともとは山の頂上を神が住む場所として崇める言葉です。「み」は接頭語で「ね」が山頂です。

【山並】 やまなみ

連なる山々です。

夏の八ヶ岳連峰。雲海の上に富士山と南アルプスが見える。

【山の鼻】やまのはな

尾根上の、突き出た部分をいいます。

【山肌】やまはだ

山の表面のことです。崩れて土がむき出しになっている山肌もあれば、一面笹に覆われた緑の絨毯のような山肌もあります。青々とした樹木に覆われたものもあり、荒々しい岩に覆われているものと、さまざまです。

【山襞】やまひだ

尾根と谷が織り成す襞のような様子です。

【連山　連峰】れんざん　れんぽう

連なる山々のことです。那須連山、穂高連峰などと使います。

芋の露 連山影を正しうす　飯田蛇笏《だこつ》。

剣岳の山襞。

黎明の北アルプス・杓子岳と白馬鑓ヶ岳。

記憶に刻む

池内 紀

むかし、単語帳で苦労した。主に英単語に用いたが、小さな横長の紙片に綴りを書いて、裏に意味をつけ、はしっこをリングでとめる。数がふえると束になった。「ビューティフル、ビューティフル」などと発音しながら指先で綴りをなぞり、意味を確認。「美しい」が思い出せないときは紙を裏返して覚え直した。すぐに飽きるので、まん中あたりに好きな女の子の名前のカードをまぜておいて励みにした。

試験が近づくと、学校の往き帰りや休み時間にも単語帳をくっていた。試験が終わると用なしで、引き出しの奥で眠りについた。ずっとあとになにかのはずみで出しくると、リングが錆びついていて、幼い字体の恋人の名前がナゾナゾのように思えるのだった。『山の単語帳』ができないものか？　英単語のように苦しめられずに山の世界に手引きされる。登山は体力と足が頼りだが、身一つがはるかな大空とも、巨大な山塊ともつながっているフシギな行為なのだ。二本足にものをいわせて一歩一歩登っていくあいだにも、天地草木すべてが刻々と変化する。その足にしても素足ということはなく、日常見かけない、山に特有のさまざまな小道具をおびている。

自然はやさしくて厳しい。低温や強風、雨や雪や岩に立ち向かい、未知の山を踏破するには、それなりの勉強が必要だ。英単語をある程度マスターすると英語の本が読めるように、山の単語帳にしたしむと山がわかってきて、山登りがたのしくなる。山というもの、登山という行為に対する考え方がちがってくる。

「山に登ろう」「山の空」「山の草木」「富士いろいろ」「山の季語」「山の動物」「高山への誘《いざな》い」……。

章の配分が絶妙だ。山登りは、まず空を見上げることから始まる。天気模様をたしかめるだけでなく、大空にとどく高い所へ、わが足でわが身を引き上げることの宣言だ。のっけから絶壁のような坂となるとゲンナリするものだが、単語帳の一枚がそっとコツを伝授してくれる。「急登　急斜面の登山道のことです。急登は直登するよりジグザグに登るほうが楽です。30〜40分登ったら5分休むなど、リズムをつけて歩くといいですね」。

必要にして十分、簡にして要を得て書き

とめてある。「指導標」のところで、おしゃべりしながら歩いていて見過ごしてしまうケースに触れ、「山では今、自分がどの地点にいるか」、つねに知っておくことが大切だ、と説いてある。単語帳の筆者が並々ならぬ山びとであることがすでにしてわかるのだ。

「三角点」に1等から4等まであるのは知っていた。そして高い山は1等で低山は4等と思っていた。ちがうのだ。「1等三角点の約4割は標高500メートル以下の山の頂など」にある。ことほどさように人間は社会的通念にしばられており、山が通念の外の別天地であることを忘れている。

世界的に知られる登山家田部井淳子が初々しい感情を綴っている。「初めてハイマツを見たのは小学校6年生で安達太良山に登ったときです。地面に這いつくばるように生えている姿にびっくりしました」。

おりおり「ビューティフル、ビューティフル」と言いながら指先でなぞっている入門篇時代が顔を出して、永遠の入門者である私たちを励ましてくれる。「私はまだ百名山全部を登っていませんが」(「日本百名山」)。小声で百山踏破を競ったりしないで、もっと大らかに日本の山をながめることが伝えてある。

「ガラ場」「ガレ場」はやや大きめの石で埋めつくされた斜面のこと。浮石や落石で腰がひけがちになるが、田部井単語帳を記憶に刻んでおくといい。「こういった場所では途中で休まずになるべく速やかに通過しましょう」。

「私は長い登山経験の中でもうだめか、と思ったことが3度あり、そのすべてが雪崩《なだれ》でした」(「雪崩」)。

北アルプス・野口五郎岳付近のガレ場を行く。

中高年登山組は、とりわけ「山の道具」の章にくり返しもどりたいものである。3度に及んで死線をこえた人の何げない言葉を通して、山の道具がどのような登山を支え、いかなる役割を果たすものかを知るだろう。さらに山の道具をいつくしむことの深い意味合いが見えてくる。それは手や足の延長であるが、それ以上に山というものへの考え方の延長でもあるからだ。

抑制のきいた小文とともに、写真がまたすばらしい。ともに風雪にもまれ、よく使いこんだ登山具のような、底光りのする威厳をおびている。

いけうち・おさむ
ドイツ文学者・エッセイスト（1940〜2019）

東北の高校生の富士登山2020／2021

～登ろう！日本一の富士山へ～

主催：一般社団法人田部井淳子基金

「あきらめず、
一歩一歩登っていけば、
自分の夢はかなえられる」

田部井淳子

被災地の高校生を富士山に登らせてあげたい。そんな思いから田部井淳子さんが東日本大震災の翌年2012年に始めたプロジェクト。「日本一高い富士山に登り、次なる東北を支える新たな勇気と元気を山から得てもらう。東日本大震災復興応援」を目的に、今年で9回目を迎える。昨年はコロナ禍のため延期となったが、今年は7月27日から2泊3日の行程で、感染対策を万全にして開催される。参加者数を絞り、宮城、福島両県から応募した高校生15人が静岡県の富士宮口から富士登頂を目指す予定。移動のバスの定員は半分にし、山小屋も貸し切り、参加者全員に、事前事後にPCR検査を施す。

参加費は高校生のお小使いで賄える3，000円。これまでにのべ679人がこのプロジェクトに参加した。参加する高校生のほとんどが富士登山はおろか、山登りも初めてという生徒ばかり。しかし、悪天候のため登頂を断念せざるを得なかった2015年を除き、毎回全員がスタッフや関係者のサポートを受けて登頂に成功し、無事に下山している。慣れない高所の登山で高山病になる生徒や途中でくじけそうになる生徒を励ましながら、無理をさせずに全員を登頂、無事に下山させているのはすごいことだ。

2019年を例にとると、東北をバスで出発し、その日は富士宮口5合目から歩いて6合目の山小屋に宿泊。2日目、午前2時頃起床して2時半頃出発。暗い中ヘッドランプを灯しながら登り始めて登頂するまで7時間〜7時間半。最高地点の剣ヶ峰を往復して六合目の山小屋に全員が下山したのは午後4時半過ぎという長時間の登山だ。

田部井淳子さんは亡くなる2016年まで同行を続け、高校生たちを激励し続けた。現在は長男の田部井進也さんが代表となってプロジェクトを続けている。参加者1000人到達が進也さんの当面の目標だ。

富士山山頂にて。登頂した東北の高校生とのひとコマ（2014年東北の高校生の富士登山）。

富士山頂上にて東北の高校生たちと（2014年東北の高校生の富士登山）。

田部井淳子基金ホームページ
https://junko-tabei.jp/
※プロジェクトの趣旨に賛同してくださる方の募金を随時受け付けています。

東北の高校生の富士登山ホームページ
https://junko-tabei.jp/fuji

主な登山用品店チェーン

□石井スポーツ
登山、アウトドア、キャンプ、スキーの専門店　全国に32店舗を展開
https://www.ici-sports.com/

□好日山荘
登山、クライミング、アウトドア用品総合専門店
全国に55店舗を展開
https://www.kojitusanso.jp/

□カモシカスポーツ
山を愛するすべての人の登山用品専門店　都内ほかに3店舗を展開
https://kamoshika.co.jp/

□モンベル
自社製品他のアウトドア用品を販売。モンベルストアは全国に137店舗
https://www.montbell.jp/

□L-Breath
アウトドア、キャンプほかの用具を販売。全国に76店舗を展開
https://www.supersports.com/ja-jp/lbreath

□さかいやスポーツ
登山、アウトドア用品の専門店。
東京・神田神保町で5店舗を展開
https://www.sakaiya.com/

□カンダハー
登山用品を扱う店を都内、京都で4店舗展開
https://www.kandahar.jp/

□WILD-1
アウトドアライフストア。全国に21店舗を展開。
https://www.wild1.co.jp/

□秀岳荘
登山とキャンプのお店　北海道で3店舗を展開
https://www.shugakuso.com/

□WEST
日本海側最大級のアウトドア専門店　新潟県で4店舗を展開
https://www.west-shop.co.jp/

□ロッジ
山とアウトドア専門店　大阪と京都で2店舗を展開
https://www.e-lodge.jp/

□アシーズブリッジ
登山とアウトドア専門店　中国地方で4店舗を展開
https://odgeek.assesbridge.com/

□モルゲンロート
北陸のアウトドアギア情報発信地
金沢と富山で2店舗を展開
https://morgenrote.com

□ひだまり山荘
登山、トレラン、アウトドア用品専門店
西武線沿線に全3店舗を展開
www.cr9000.com

□アウトドアショップK
アウトドアからプロフェッショナルワークまで全てのフィールドをサポート
長野県に2店舗と都内に1店舗を展開
https://odsk.co.jp

※他に海外アウトドアブランドの直営店やアウトレットが全国にある。

日本アルプス・八ヶ岳登山口の駅・バス乗り場に近い登山用品店リスト

甲府駅

□石井スポーツヨドバシ甲府店
山梨県甲府市丸の内1-3-3
ヨドバシカメラマルチメディア甲府4F
☎055-221-0141
甲府駅より徒歩1分

□好日山荘甲府岡島店
山梨県甲府市丸の内1-21-15
岡島百貨店3F
☎055-231-0699
甲府駅より徒歩12分

松本駅

□好日山荘松本パルコ店
長野県松本市中央1-10-30
松本パルコ3F
☎0263-31-0580
松本駅より徒歩5分

□山とスキーの専門店 ブンリン
長野県松本市中央2-7-14
☎0263-33-3633
松本駅より徒歩10分

□THE NORTH FACE 松本店
長野県松本市中央2-20-2
信毎MEDIA GARDEN 2F
☎0263-87-7767
松本駅より徒歩8分

長野駅

□石井スポーツ長野店
長野県長野市末広町1356
Nacs 末広2F
☎026-229-7739
長野駅より徒歩1分

白馬駅

□好日山荘白馬店
長野県北安曇郡白馬村北城5960
☎0261-85-2560
白馬駅より徒歩3分

□THE NORTH FACE GRAVITY 白馬
長野県北安曇郡白馬村北城5930-1
☎0261-85-2855
白馬駅より徒歩3分

□パタゴニア白馬/アウトレット
長野県北安曇郡白馬村北城6389-1
☎0261-72-7570
白馬駅より徒歩1分

□モンベルルーム白馬八方店
長野県北安曇郡白馬村北城5734-1
☎0261-85-2205
白馬八方バスターミナル2F

富山駅

□好日山荘マリエとやま店
富山県富山市桜町1-1-61
マリエとやま4F
☎076-471-7005
富山駅より徒歩1分

□スポーツのマンゾク
富山県富山市桜町2-4-5
☎076-431-4790
富山駅より徒歩8分

立山室堂

□THE NORTH FACE ホテル立山店
富山県中新川郡立山町芦峅寺室堂
ホテル立山
☎076-465-3333
室堂ターミナル下車すぐ。

駒ヶ根市

□アウトドアショップK 駒ヶ根スポーツ館
長野県駒ケ根市赤穂759-700
☎0265-98-9797
菅の台バスセンターより徒歩2分

静岡駅

□好日山荘静岡パルコ店
静岡県静岡市葵区紺屋町6-7
静岡パルコ6F
☎054-275-0018
静岡駅より徒歩4分

□モンベル新静岡店
静岡県静岡市葵区鷹匠1-1-1
新静岡セノバ4F
☎054-266-7398
静岡駅より徒歩7分

索引

■な

■に

■ね

■の

■は

■ひ

■ふ

■へ

■ほ

参考文献

『実用 登山用語データブック』 山と溪谷社
『山の用語なんでも事典』 山と溪谷社
『山ことば辞典　岩科山岳語彙集成』 岩科小一郎著　百水社
『岳人事典』東京新聞出版局
『旺文社スポーツ教室　登山』 山崎安治著　旺文社
『山の自然学』小泉武栄著　岩波新書
『軽登山を楽しむ』伊藤幸司著　晩聲社
『日本の屋根　信州山岳大展望』 栗田貞多男著　信濃毎日新聞社
『北アルプス自然図鑑　花・蝶・鳥』竹内真一　高木清和　栗田貞多男著　山と溪谷社
『北アルプス動物物語』千葉彬司著　山と溪谷社
『里山の野鳥ハンドブック』 NHK出版
『空の名前』高橋健司著　光琳社出版
『デジタル大辞泉』 小学館
『ブリタニカ国際大百科事典　小項目電子辞書版』 ブリタニカ・ジャパン
『ジーニアス英和大辞典』 大修館書店
『プログレッシブ和英中辞典　第3版』 小学館
『ロワイヤル仏和中辞典　第2版』 旺文社
『プチ・ロワイヤル和仏辞典　第2版』 旺文社
『プログレッシブ独和辞典　第2版』 小学館
『コンサイスカタカナ語辞典　第2版』 三省堂

◎ 装丁・デザイン：mogmog Inc.
◎ イラスト ：ばばめぐみ
◎ 写真協力：星野吉晴　伊久間幸広　市川董一郎　大塚絹子
山学山遊会　大町山岳博物館
佐藤善則　竹内俊子　竹内伊吉　樋田 勝　町田和義
名取健一　中嶋君忠　富井一貴　丸山晴弘　横地康生
田村宣紀　藤井和実　池田 悟　渡辺昌宏　大谷直也
アマナイメージズ
◎ 道具撮影：八田政玄
◎ 編集：桒田義秀（株式会社世界文化ブックス）
◎ 校正：株式会社円水社
◎ ＤＴＰ：株式会社明昌堂

モン・ブックス Mont Books

田部井淳子
山の単語帳

発行日：2021年8月25日　初版第１刷発行

著者：田部井淳子
写真：栗田貞多男
発行者：竹間 勉
発行：株式会社世界文化ブックス
発行・発売：株式会社世界文化社
〒102-8195 東京都千代田区九段北4-2-29
電話 03（3262）5118（編集部）　03（3262）5115（販売部）
印刷・製本：凸版印刷株式会社

ISBN978-4-418-21207-1

※本書は2012年8月に刊行した書籍『山の単語帳』に編集部作成ほかの新規原稿を加えて
再編集したものです。本書に掲載の情報は2021年7月15日現在のものです。